高等职业教育汽车类专业新型活页工作手册式系列教材

系列教材主编：戚文革　邹玉清

汽车底盘故障诊断与维修教学工作页

李　赫◎编著

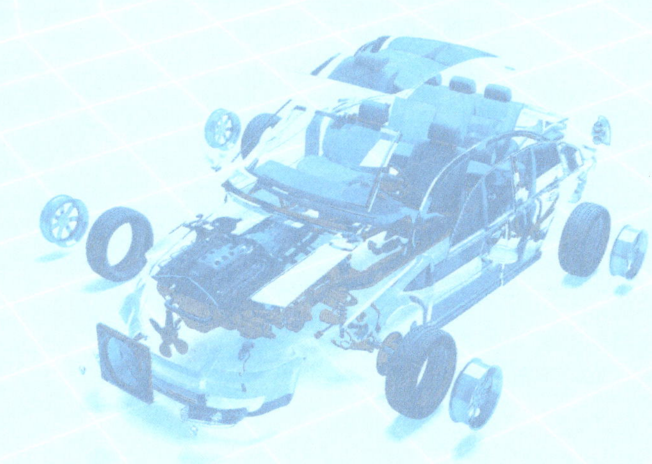

中国铁道出版社有限公司
CHINA RAILWAY PUBLISHING HOUSE CO., LTD.

内 容 简 介

本教学工作页是为贯彻国务院印发的《国家职业教育改革实施方案》（简称“职教20条”）文件精神，落实“新型活页式、工作手册式”职业教育教材的要求而编写。本教学工作页系与教材《汽车底盘故障诊断与维修》（ISBN 978-7-113-28671-2）配套开发，共四个项目，包括维修汽车行驶系统、维修汽车制动系统、维修汽车转向系统、维修汽车传动系统。每个项目均包含项目任务单、项目导入、项目实施和案例四部分内容。

本教学工作页的特点有：以“做事”的职业行动作为认知起点；使用多样化的可视化表达方式；设计实施“微组织”环节；多环节、多形式的“专业+思政+创新”有机融合；设计了典型案例、新知识、新工艺等内容。

本教学工作页由校企行合作开发，充分融入职业要素，适合作为高等职业院校和其他职业学校汽车类相关专业的教材，也可作为有关人员的岗位培训教材。

图书在版编目（CIP）数据

汽车底盘故障诊断与维修教学工作页/李赫编著. —北京：中国铁道出版社有限公司，2022.8
高等职业教育汽车类专业新型活页工作手册式系列教材
ISBN 978-7-113-29459-5

Ⅰ.①汽… Ⅱ.①李… Ⅲ.①汽车-底盘-故障诊断-高等职业教育-教材②汽车-底盘-故障修复-高等职业教育-教材 Ⅳ.①U472.41

中国版本图书馆CIP数据核字（2022）第131171号

书　　名：汽车底盘故障诊断与维修教学工作页
　　　　　QICHE DIPAN GUZHANG ZHENDUAN YU WEIXIU JIAOXUE GONGZUOYE
作　　者：李　赫

策　　划：尹　鹏　　　　编辑部电话：（010）83552550
责任编辑：钱　鹏　许　璐
封面设计：刘　颖
责任校对：苗　丹
责任印制：樊启鹏

出版发行：中国铁道出版社有限公司（100054，北京市西城区右安门西街8号）
网　　址：http://www.tdpress.com/51eds/
印　　刷：北京联兴盛业印刷股份有限公司
版　　次：2022年8月第1版　2022年8月第1次印刷
开　　本：787 mm×1 092 mm　1/16　印张：10　字数：254千
书　　号：ISBN 978-7-113-29459-5
定　　价：39.00元

序

职业教育的本质是"学习如何工作"的教育，即培养学生具备与工作任务相匹配的职业能力。职业能力遵循新手—生手—熟手—专家/高手的成长规律，如何在职业教育中实施符合职业能力成长规律的落地措施，是职业教育教学设计的首要原则。

本书的教学内容设计是在微组织教学模式"教与学"的行动逻辑指导下完成的。微组织教学模式是行动导向教学具体实施中运用的一个具体化方法，由教学情境导入、任务发布、任务实施、检查纠错、结果评价五个环节构成，其本质特征是：针对问题，师生之间建立即时反馈系统。要求教师要具有对问题察之入微的敏感性，针对每个问题做出"即时反馈"。微组织教学模式实施过程中要求对任何一个知识点、技能均做到"一点一讲一练一确认"。

教学工作页是微组织教学模式实施工具，是教师"教"与学生"学"的引导性教学文件，是学生思维过程、学习过程、学习结果可视化表达与教师即时反馈的载体。

教学工作页设计实现了以下四点创新：

一、以"做事"的行动作为认知起点

以"做事"的行动作为认知起点，建构基于"做事"的行动体系认知结构，而非学科知识体系认知结构，以与学生行动能力相匹配的"做事"的显性行动单元作为教学设计起点。

二、学习过程可视化设计表达

根据学习内容选择多样化的可视化表达方式，可视化设计包括两个方面：一是学生的学习思维过程和学习结果教师要看得见；二是教师的即时反馈学生要看得见，对学习过程与学习结果是否符合要求教师要做出即时反馈意见，反馈意见学生要看得见。

三、教学过程"教与学"即时反馈

学习过程可视化呈现，为建立个性化"教与学"即时反馈创造了前提条件，即时反馈为学生学习偏差及时提供"支架"，赋能"成功学习"，激发内模拟机制，实现班级集体授课制条件下的因材施教。

四、实现“知识、能力、素养”一体化成长

任何一个学习行动都是“知识、能力、素养”构成的“复合体”，在行动中理解掌握行动赖以发生的“知识”，在行动中积淀提升完成行动的“能力”，在行动中规塑做事做人的“素养”，一个行动能够达标完成所涉及的“知识、能力、素养”一个也不能少，将行动全过程所有节点与最终成果所涉及的“知识、能力、素养”都进行可视化呈现，依据合格标准进行即时反馈、纠正、刻意训练，直到正确为止，从而实现全程“贯标”。

自 2016 年起，吉林电子信息职业技术学院在汽车专业群、机械专业群启动了面向教育对象的提升教学育人的有效性教学改革，教学工作页的创建与应用是教学改革标志性成果之一，催生了教学育人有效性显著提升的课堂革命。

希望本书能够为高等职业院校汽车类专业课程教学设计提供借鉴。

戚文革
2021 年 12 月 28 日

前 言

本书是根据国务院印发的“职教20条”文件精神，落实“新型活页式、工作手册式”职业教育教材的要求而编写。与教材《汽车底盘故障诊断与维修》（ISBN 978-7-113-28671-2）配套开发，共分四个项目，内容包括维修汽车行驶系统、维修汽车制动系统、维修汽车转向系统、维修汽车传动系统。每个项目均包含项目任务单、项目导入、项目实施和案例四部分内容。

本书具有以下特点：

1. 以“做事”的职业行动作为认知起点，突出职业能力培养

将项目中每个任务的工作内容序化为作业准备、拆卸、维修、安装、试车等完整的工作过程，在工作过程中认知底盘结构、作业方法、技术标准和工作要求等职业知识，即按照“实践—认识—再实践—再认识”的发展规律，以“做事”的职业行动作为认知起点，在完成职业活动（包含职业行动和职业知识）过程中不断积淀职业能力，突出职业能力培养。

2. 使用多样化可视化表达方式和即时反馈，实现因材施教

根据学习内容选择了气泡图、圆圈图、树形图、流程图、复流程图、列表及方框等多样化的学生学习过程可视化表达方式；学习过程可视化设计为即时反馈奠定了基础，教学过程针对问题“时时、事事、人人”的即时反馈，实现了班级集体授课制条件下的因材施教。

3. 设计实施“微组织”环节，实现“知识、能力、素养”一体化成长

每个行动都设计了“微组织：教师检查纠错，学生改正错误”环节。在教学过程中，教师依据合格标准，采用检查纠错的方式，对每个行动所涉及的“知识、能力、素养”进行即时反馈、纠正、刻意训练，学生在不断地改正错误直到正确为止的过程中，实现了“知识、能力、素养”一体化成长。

4. 典型案例增加启示性、经验性知识，新知识新工艺增强时效性

每个任务都是一个真实复杂的故障案例，使学生在学习过程中受到启示，得以借鉴；充分考虑车身高度传感器、助力转向控制单元、变速箱机电控制单元等既成熟可靠，又代表现阶段我国汽车行业发展的最新成就的汽车底盘新技术，增强了本书的时效性。

5. 校企行合作开发，充分融入职业要素

本书由吉林电子信息职业技术学院汽车工程学院李赫编著。

吉林市兴孚汽车销售服务有限公司技术经理刘长春提供了真实案例；吉林电子信息职业技术学院教授戚文革提供了思政和创新元素；吉林省汽车维修行业协会秘书长李晶提出了宝贵意见和建议。对在编著过程中给予大力支持的各位教师，在此表示衷心的感谢！

本书由中国汽车工程学会汽车应用与服务学会技术副总监弋国鹏、北华大学教授刘瑞军、吉林市磊 π 汽车修理行技术总监王磊审稿。参加审稿的各位教师对全书进行了认真细致的审阅，并提出了宝贵的意见和建议，在此表示衷心的感谢！

由于编者水平有限，书中难免有疏漏与不妥之处，恳请读者批评指正。

编著者

2022 年 2 月

目 录

项目一　维修汽车行驶系统

项目任务单

项目描述	完成对汽车行驶系统的故障诊断与维修
项目要求	符合2018款大众迈腾B8L轿车技术要求与标准，正确使用工量辅具，完成如下作业： 1. 维修前桥； 2. 维修后桥； 3. 修补轮胎； 4. 车轮动平衡； 5. 四轮定位； 6. 维修车身高度传感器
学习目标	1. 准确陈述前桥、后桥故障诊断方法； 2. 准确陈述轮胎修补、车轮动平衡、四轮定位方法； 3. 准确陈述车身高度传感器故障诊断方法； 4. 规范地对前桥、后桥故障进行维修； 5. 规范地对轮胎进行修补，对车轮进行动平衡和四轮定位； 6. 规范地对车身高度传感器故障进行维修； 7. 养成自觉遵守技术标准、操作规范、“5S”作业标准的好习惯； 8. 树立勤勉敬业、精益求精、迎难而上的工作态度； 9. 建立汽车维修本质思维模式
项目载体	2018 款大众迈腾 B8L 轿车行驶系统。 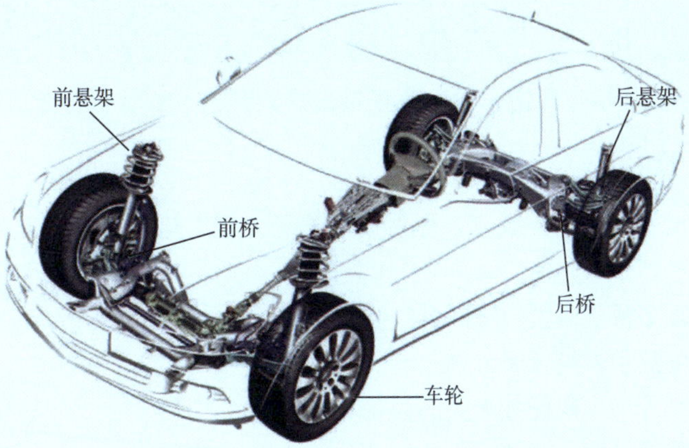 前悬架　后悬架　前桥　后桥　车轮
计划学时	36 学时

工作页	上课地点		学生姓名		完成 / 未完成
	任课教师		上课时间		优 / 良 / 中 / 及格

项目导入

一、想一想

2018 款大众迈腾 B8L 汽车在行驶时底盘经常出现异响，转弯时打转向盘变沉，尤其是经过颠簸路面时还会出现金属撞击声；仪表盘上轮胎压力监控指示灯和动态前照灯随动故障指示灯点亮；一旦车速超过 80 km/h，转向盘就会剧烈抖动；行驶时手松开转向盘，车辆就发生跑偏现象。

请尝试分析一下，哪些部件发生故障可能会导致上述现象的出现，并用铅笔认真地写在下面方格内。

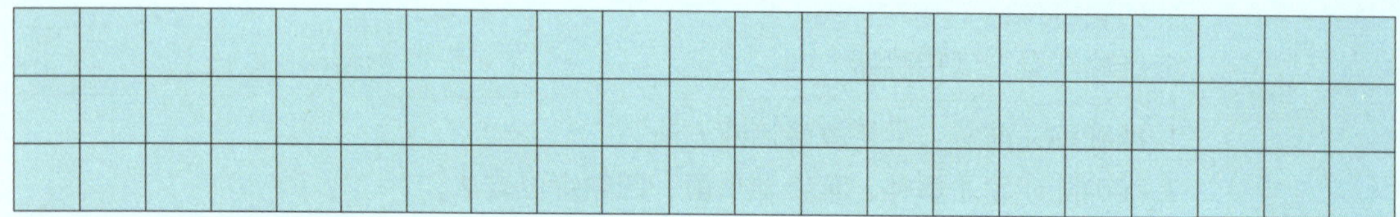

微组织 1：教师检查纠错，学生改正错误。微评价：☆☆☆☆☆

二、写一写

通过前导课程汽车底盘构造与拆装的学习，请默写出汽车底盘行驶系统的组成部分以及每部分包含的主要零部件。

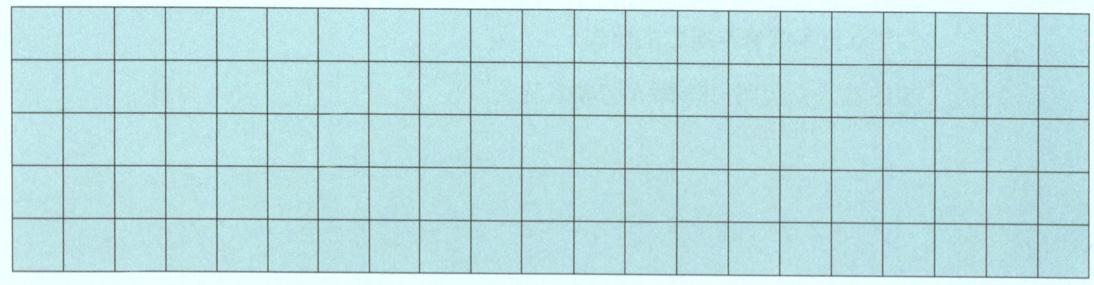

微组织 2：教师检查纠错，学生改正错误。微评价：☆☆☆☆☆

三、查一查

请大声说出安全与防护要求，做好防护准备，同时进行自检和互检。若已完成，请在方框内画上“√”。

□ 工作服穿戴“四紧”，穿工鞋，戴工帽；

□ 严禁佩戴手表等金属首饰；

□ 严禁摆弄与本次任务无关的设备和工具；

□ 严禁嬉戏打闹。

微组织 3：教师检查纠错，学生改正错误。微评价：☆☆☆☆☆

项目实施

任务一　维修前桥

步骤一：故障现象确认

1. 客户反映自己的 2018 款大众迈腾 B8L 汽车在行驶中底盘前部有异响，打转向盘时变沉。维修人员对车辆进行路试，发现行驶中底盘右前部确实有异响，车身摆动，转弯打转向盘时变沉，尤其是经过颠簸路面时还会出现金属撞击声。

车辆底盘右前部异响的故障原因有很多，如轮胎、轴承、下摆臂、前悬架、稳定杆、半轴、制动器、转向系统等故障都会造成异响，询问客户得知不久前车辆刚刚更换过制动摩擦片，同时对半轴和轮胎都检查过，没有异常。使用故障诊断仪 VAS5052A 对此车的转向助力系统进行检查，没有发现故障。检查稳定杆及橡胶支座没有发现异常。因此将故障点聚焦到前悬架、下摆臂、轴承等部分。

2. 结合上述故障现象确认，分析当汽车出现以上故障现象时的可能故障部位有哪些，并填写图 1-1-1 中的空格。

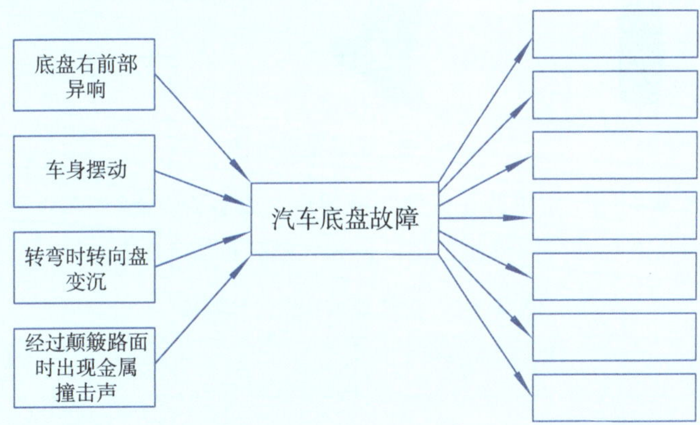

图 1-1-1　故障分析流程图

微组织 1：教师检查纠错，学生改正错误。微评价：☆☆☆☆☆

步骤二：作业准备

请认真列出作业准备项目和内容，对照维修前桥作业准备情况检查表核准检查项目内容，见表 1-1-1。若已准备好，请在方框内画上“√”；若有遗漏，请补充后画上“√”。

表 1-1-1　维修前桥作业准备情况检查表

项　目	内　容
作业场地	选择带有消防设施的作业场地
设备设施	举升机□　发动机和变速箱举升平台□　减振弹簧压缩器□
工量辅具	常用工具套件□　车轮扳手□　扭力扳手□　翼子板布□　减振器套件□　球形万向节压出器□
耗材	车轮轴承□　下摆臂□　手套□　抹布□　防护三件套□

微组织 2：教师检查纠错，学生改正错误。微评价：☆☆☆☆☆

步骤三：拆卸、分解、检查前悬架

1. 查阅教材，掌握并复述前悬架的相关知识，结合图 1-1-2 在右侧空白表格中默写前悬架各组成零件的名称。

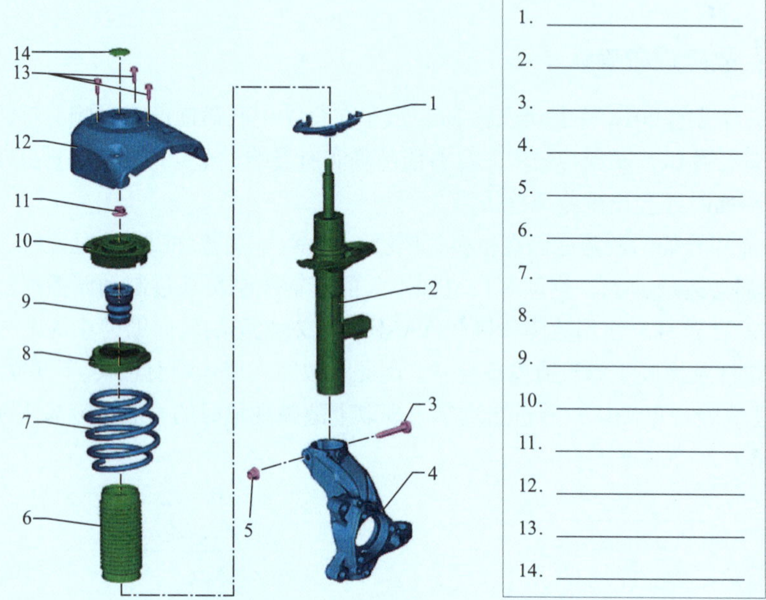

1. ________
2. ________
3. ________
4. ________
5. ________
6. ________
7. ________
8. ________
9. ________
10. ________
11. ________
12. ________
13. ________
14. ________

图 1-1-2 前悬架装配图

微组织 3：教师检查纠错，学生改正错误。微评价：☆☆☆☆☆

2. 结合前悬架拆装的相关实操视频，制订拆卸计划，见表 1-1-2。

表 1-1-2 拆卸前悬架工作计划表

工序	内　　容	工量辅具
1		
2		
3		
4		
5		
6		
7		
8		
9		
10		

微组织 4：教师检查纠错，学生改正错误。微评价：☆☆☆☆☆

3. 查阅维修手册，归纳前悬架的拆卸原则，见表 1-1-3。

表 1-1-3　前悬架的拆卸原则

序号	内　容
1	
2	
3	
4	
5	
6	
7	

微组织 5：教师检查纠错，学生改正错误。微评价：☆☆☆☆☆

4. 结合教师的示范操作，整理前悬架的分解步骤，将图 1-1-3 填写完整。

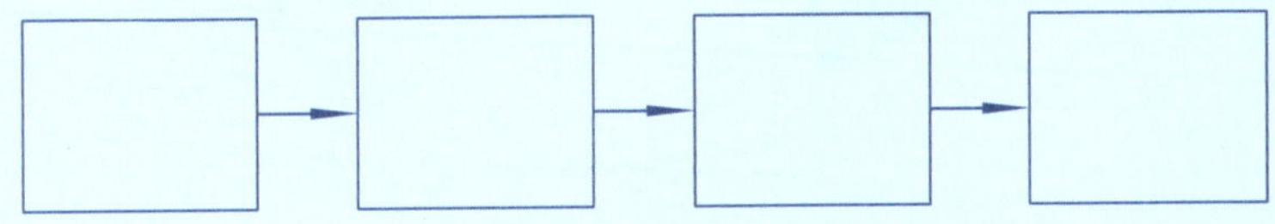

图 1-1-3　前悬架分解步骤

微组织 6：教师检查纠错，学生改正错误。微评价：☆☆☆☆☆

5. 查阅维修手册，结合教师的讲解，将前悬架各部件的检查标准补充到图 1-1-4 中。

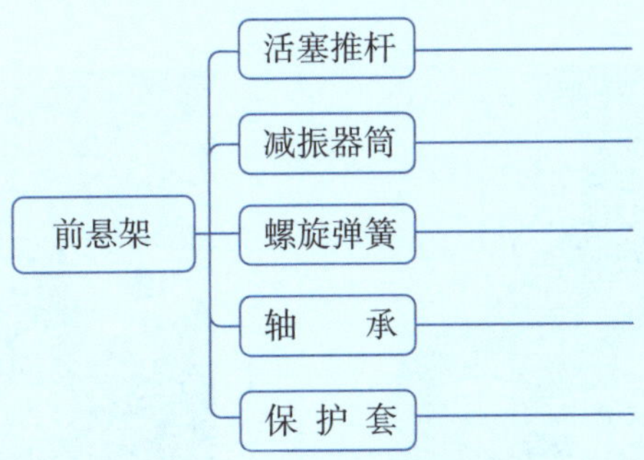

图 1-1-4　前悬架各部件检查标准

微组织 7：教师检查纠错，学生改正错误。微评价：☆☆☆☆☆

6. 根据拆卸计划和分解步骤实施拆卸和分解，结合前悬架各部件的检查标准，写出本任务关于前悬架的故障点，并说明如何消除这些故障；是否还需要对车辆前桥其他部件进行检查，为什么？

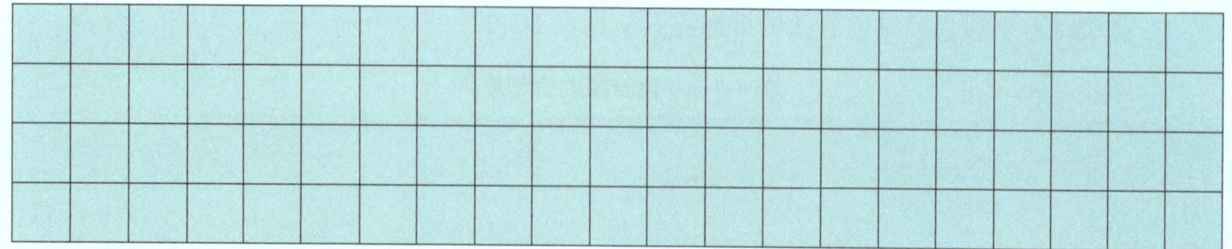

微组织 8：教师检查纠错，学生改正错误。微评价：☆☆☆☆☆

步骤四：拆卸、检查、维修下摆臂

1. 查阅教材，掌握并复述下摆臂的相关知识，结合图 1-1-5 在右侧空白表格中默写下摆臂各组成零件的名称。

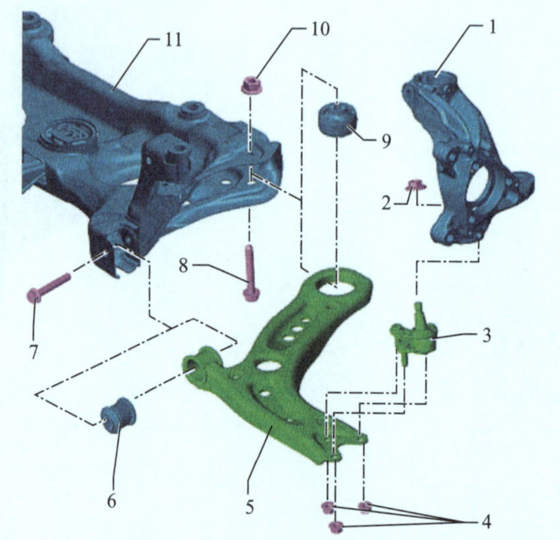

1. ____________
2. ____________
3. ____________
4. ____________
5. ____________
6. ____________
7. ____________
8. ____________
9. ____________
10. ____________
11. ____________

图 1-1-5　下摆臂装配图

微组织 9：教师检查纠错，学生改正错误。微评价：☆☆☆☆☆

2. 观看实操视频并查阅维修手册，根据图 1-1-6 至图 1-1-9 总结拆卸、检查、维修下摆臂的步骤，并实施。

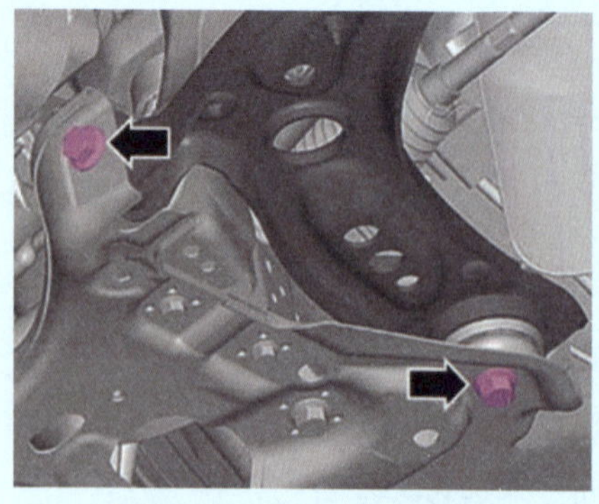

图 1-1-6　下摆臂固定螺栓

第一步：____________________
____

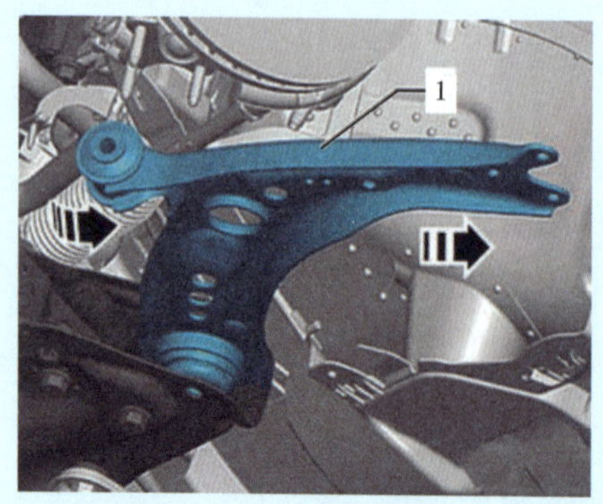

图 1-1-7　下摆臂拆卸方向

第二步：____________________
____

图 1-1-8　老化的前部橡胶金属支座

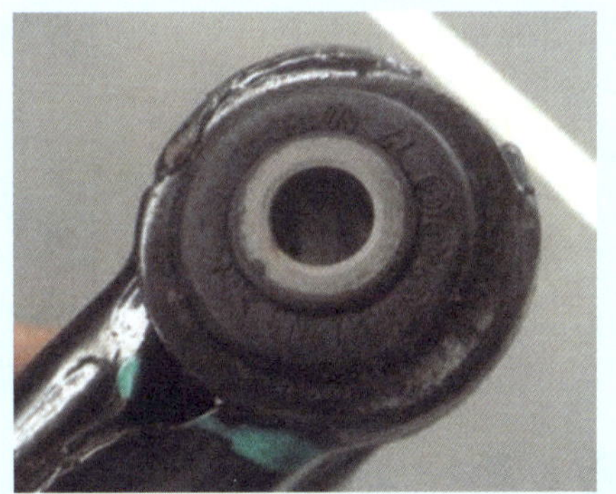

图 1-1-9　新的前部橡胶金属支座

第三步：________________________

____

第四步：________________________

____

微组织 10：教师检查纠错，学生改正错误。微评价：☆☆☆☆☆

3. 查阅维修手册，并结合教师的讲解，归纳前部橡胶金属支座的更换原则，见表 1-1-4。

表 1-1-4　前部橡胶金属支座更换原则

1. ________________________ ________________________;	2. ________________________ ________________________;

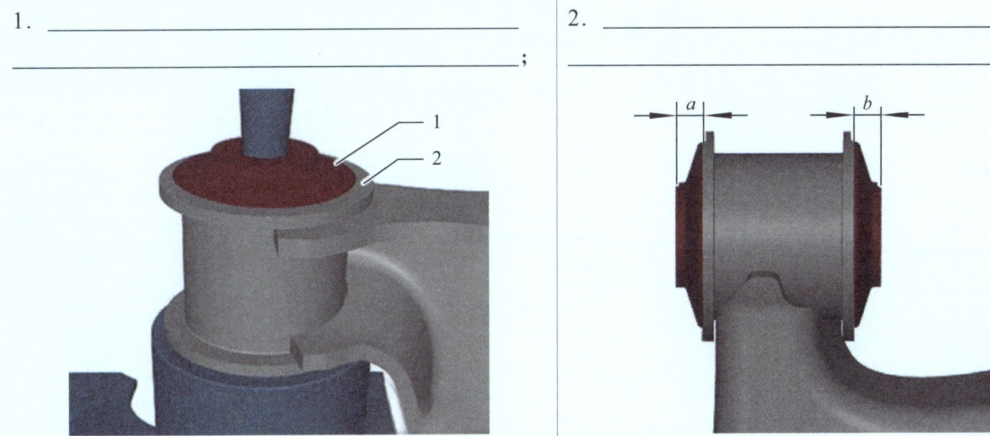

微组织 11：教师检查纠错，学生改正错误。微评价：☆☆☆☆☆

步骤五：拆卸、检查车轮轴承

1. 结合车轮轴承拆装的相关实操视频，制订拆卸计划，见表 1-1-5。

表 1-1-5　拆卸车轮轴承工作计划表

工序	内　　容	工量辅具
1		
2		
3		
4		
5		
6		

微组织 12：教师检查纠错，学生改正错误。微评价：☆☆☆☆☆

2. 根据拆卸计划实施拆卸，并对拆下的车轮轴承进行检查，写出本任务关于车轮轴承的故障点，及消除这些故障的方法。

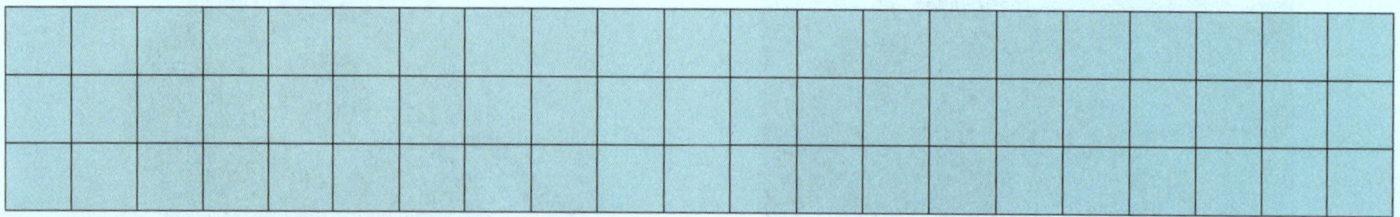

微组织 13：教师检查纠错，学生改正错误。微评价：☆☆☆☆☆

步骤六：安装、试车

1. 结合维修手册，制订前桥的安装计划，见表 1-1-6。

表 1-1-6 安装前桥工作计划表

工序	内　容	工量辅具
1		
2		
3		
4		
5		
6		
7		
8		
9		
10		
11		
12		
13		
14		
15		
16		
17		
18		

微组织 14：教师检查纠错，学生改正错误。微评价：☆☆☆☆☆

2. 安装完成后，对车辆进行路试，验证故障现象是否消失、故障是否排除。

微组织 15：教师检查纠错，学生改正错误。微评价：☆☆☆☆☆

案例

案例一：一辆 2016 年产马自达昂克赛拉汽车，行驶里程约为 40 000 km，因行驶过程中左前部有“噔噔”的异响而进厂检修。接车后试车验证故障现象，发现车辆行驶在不平路面时车辆左前部确实有“噔噔”的异响。根据维修经验，判断异响是平衡拉杆球头或减振器产生。

将正常车辆的平衡拉杆球头换至故障车上试车，故障依旧；再将正常车辆的左前减振器更换至故障车上试车，异响消失，由此确定故障点为左前减振器损坏。

更换左前减振器后试车，不再有异响，故障排除。

案例二：一辆东风冷藏车在车速 50 km/h 以内及 65 km/h 以上时，行驶平稳；当车速在 50 ~ 65 km/h 时，转向盘抖动，前轮摆头，车身晃动。

为了查明是发动机发抖引起还是传动轴引起，从 65 km/h 开始进行摘挡滑行试验，转向盘抖动，前轮摆头，车身晃动，低于 50 km/h 时此现象消失。分别调大、调小、按标准，调整前轮轴承间隙也无效。从前轮摆头、转向盘抖动、车身晃动的车速在 50 ~ 65 km/h 而且路面平与不平都一样的现象分析为共振引起，引起共振的原因还得从前轮轴承、立柱、前桥定位、球销、转向器等部位查找。当拆下前轮左转向节外轴承（7608）和右转向节内轴承（7611）时发现滚珠严重失圆，已变成菱形。因此，当汽车达到一定速度（50 ~ 65 km/h）时与整车的振动产生共振，使得汽车转向盘抖动，前轮摆头，车身晃动。

更换轴承后此现象消失，故障排除。

任务二 维修后桥

步骤一：故障现象确认

1. 客户反映自己的 2018 款大众迈腾 B8L 汽车在行驶时车后噪声较大，在 80 ~ 100 km/h 时最大，车速再高反而小了。维修人员对车辆进行路试，发现车辆低速噪声不明显，但能听到间歇性的噪声，随车速增加噪声增大，至 80 ~ 100 km/h 噪声最大，继续提高车速，噪声与风声、胎噪声混合，不易区分，行驶时不论往左往右打转向，噪声不变。

根据路试判断，声音大致为车辆左后侧发出。首先检查轮胎胎面，未发现异常磨损，包括锯齿状边缘，检查左右后轮轴承，间歇正常，转动灵活无卡滞，转动时也未听到有噪声发出，为验证是否由轮胎发出，进行轮胎换位后试车，噪声依旧无任何变化，排除了轮胎因素。因此需要对车辆左后桥进行拆卸，逐一检查各个零件。

2. 结合上述故障现象确认，分析当汽车出现以上故障现象时的可能故障部位有哪些，并填写图 1-2-1 中的空格。

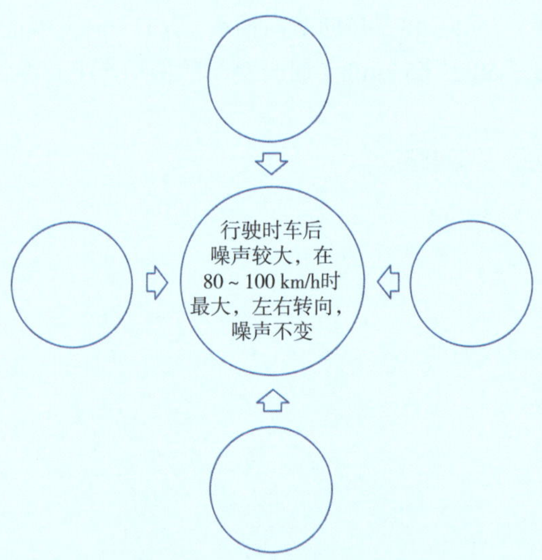

图 1-2-1 故障分析气泡图

微组织 1：教师检查纠错，学生改正错误。微评价：☆☆☆☆☆

步骤二：作业准备

请认真列出作业准备项目和内容，对照维修后桥作业准备情况检查表核准检查项目内容，见表 1-2-1。若已准备好，请在方框内画上“√”；若有遗漏，请补充后画上“√”。

表 1-2-1 维修后桥作业准备情况检查表

项目	内容
作业场地	选择带有消防设施的作业场地□
设备设施	举升机□ 发动机和变速箱举升平台□ 减振弹簧压缩器□
工量辅具	常用工具套件□ 车轮扳手□ 扭力扳手□ 翼子板布□ 轮毂盖起拔器□
耗材	车轮轴承□ 手套□ 抹布□ 防护三件套□

微组织 2：教师检查纠错，学生改正错误。微评价：☆☆☆☆☆

步骤三：拆卸、分解、检查后悬架

1．查阅教材，掌握并复述后悬架的相关知识，结合图 1-2-2 在右侧空白表格中默写后悬架各组成零件的名称。

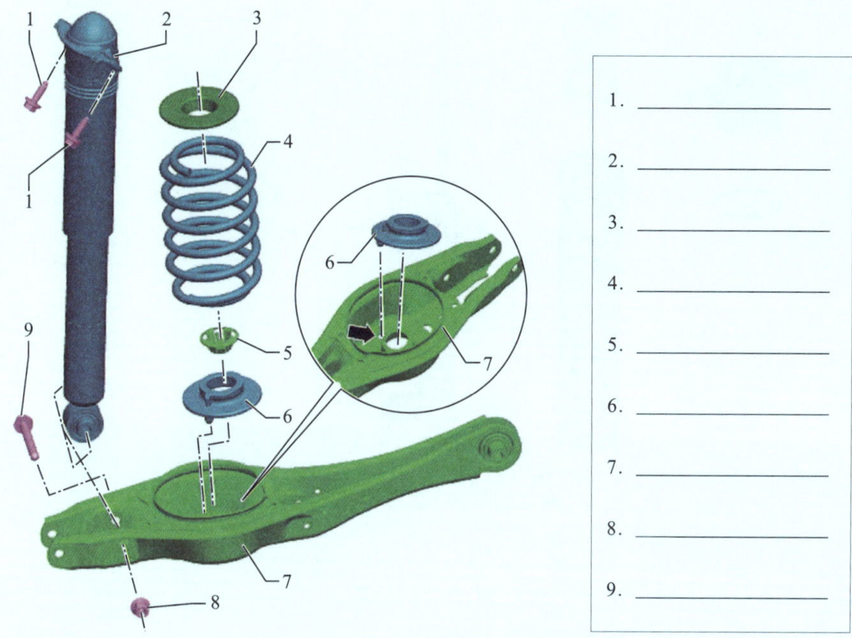

图 1-2-2　后悬架装配图

微组织 3：教师检查纠错，学生改正错误。微评价：☆☆☆☆☆

2．结合后悬架拆装的相关实操视频，制订拆卸计划，见表 1-2-2。

表 1-2-2　拆卸后悬架工作计划表

工序	内　容	工量辅具
1		
2		
3		
4		
5		
6		
7		
8		
9		
10		

微组织 4：教师检查纠错，学生改正错误。微评价：☆☆☆☆☆

3．查阅教材，掌握并复述后减振器的相关知识，结合图 1-2-3 在右侧空白表格中默写后减振器各组成零件的名称。

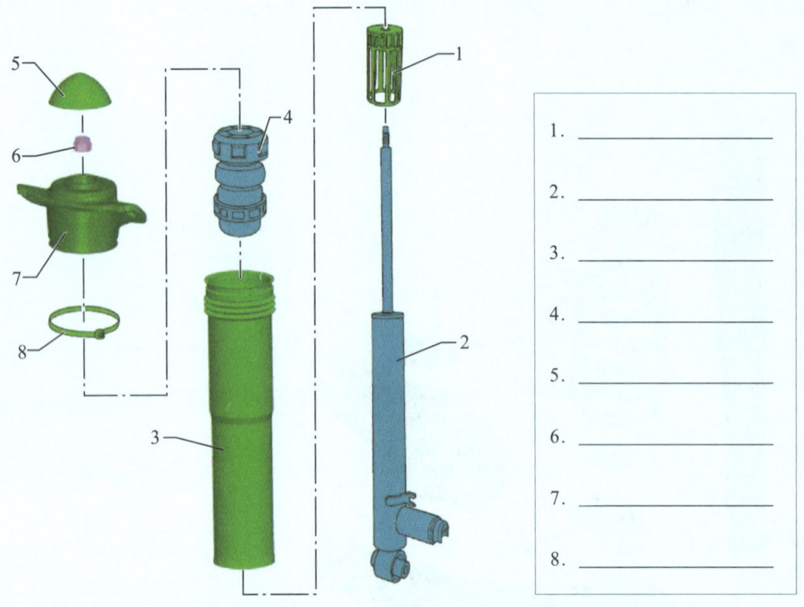

图 1-2-3　后减振器装配图

微组织 5：教师检查纠错，学生改正错误。微评价：☆☆☆☆☆

4．结合教师的示范操作，整理后减振器的分解步骤，将图 1-2-4 填写完整。

图 1-2-4　后减振器分解步骤

微组织 6：教师检查纠错，学生改正错误。微评价：☆☆☆☆☆

5．根据拆卸计划和分解步骤实施拆卸和分解，结合任务一介绍的前悬架各部件检查标准，写出本任务关于后悬架的检查结果；是否还需要对车辆后桥其他部件进行检查，为什么？

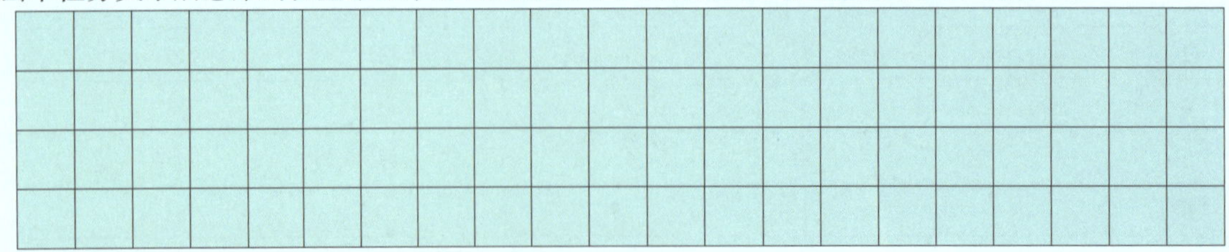

微组织 7：教师检查纠错，学生改正错误。微评价：☆☆☆☆☆

步骤四：拆卸、检查横摆臂、横拉杆

1．查阅教材，掌握并复述横摆臂的相关知识，结合图 1-2-5 在右侧空白表格中默写横摆臂各组成零件的名称。

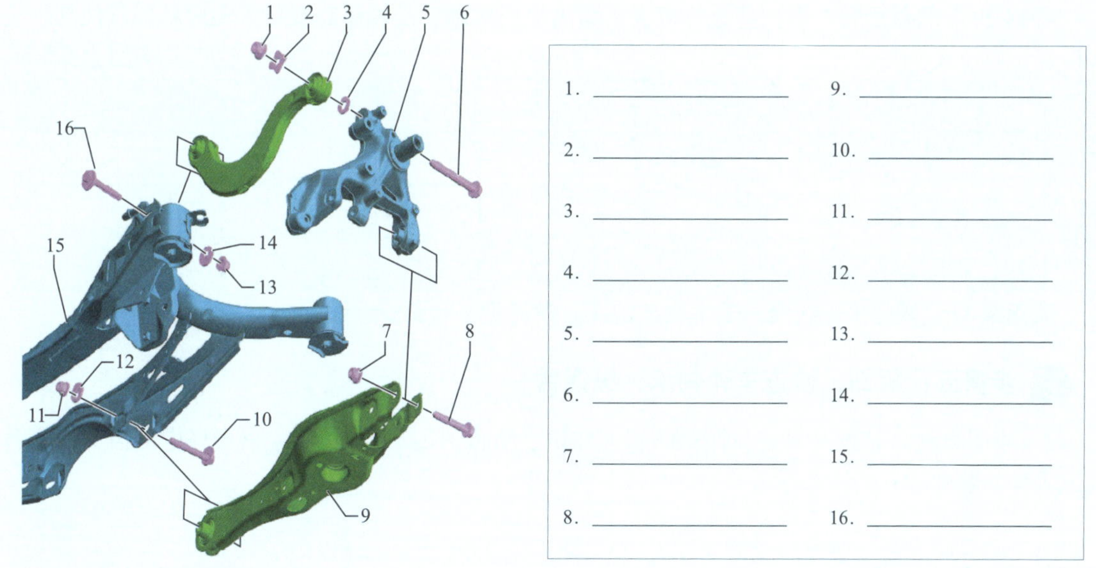

图 1-2-5　横摆臂装配图

微组织 8：教师检查纠错，学生改正错误。微评价：☆☆☆☆☆

2. 查阅教材，掌握并复述横拉杆的相关知识，结合图 1-2-6 在右侧空白表格中默写横拉杆各组成零件的名称。

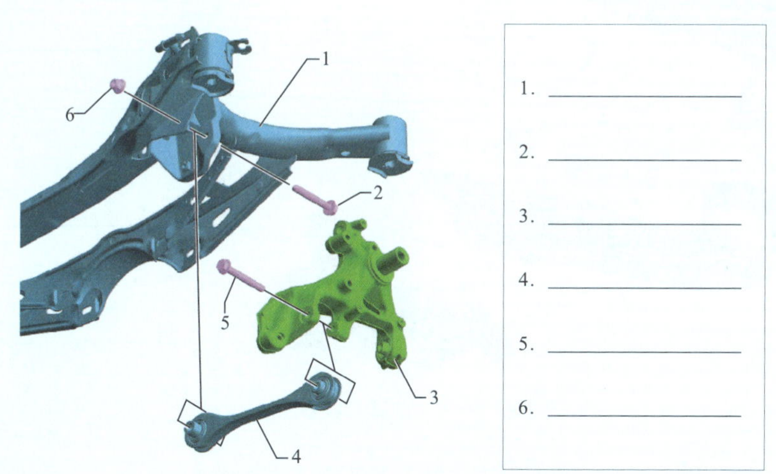

图 1-2-6　横拉杆装配图

微组织 9：教师检查纠错，学生改正错误。微评价：☆☆☆☆☆

3. 观看实操视频并查阅维修手册，总结拆卸横摆臂、横拉杆的步骤，完成图 1-2-7，并实施。

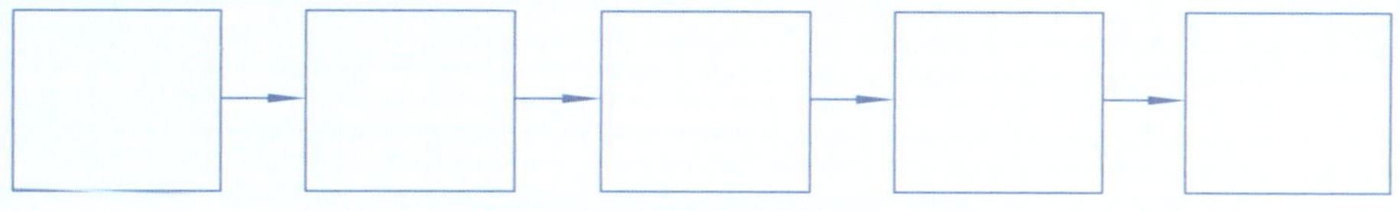

图 1-2-7　横摆臂、横拉杆拆卸步骤

微组织 10：教师检查纠错，学生改正错误。微评价：☆☆☆☆☆

4. 对拆下的横摆臂、横拉杆进行检查，写出检查结果。是否还需要对车辆后悬架其他部件进行检查？为什么？

微组织 11：教师检查纠错，学生改正错误。微评价：☆☆☆☆☆

步骤五：拆卸、检查车轮轴承、纵摆臂

1. 查阅教材，掌握并复述纵摆臂的相关知识，结合图 1-2-8 在右侧空白表格中默写纵摆臂各组成零件的名称。

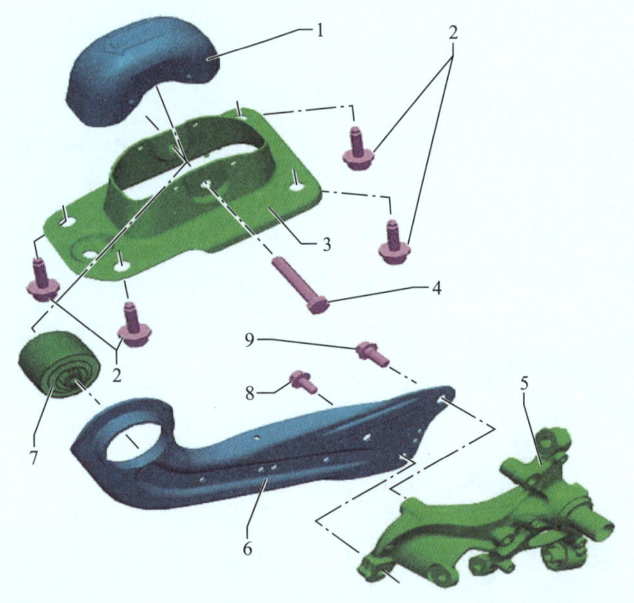

1. ____________________
2. ____________________
3. ____________________
4. ____________________
5. ____________________
6. ____________________
7. ____________________
8. ____________________
9. ____________________

图 1-2-8　纵摆臂装配图

微组织 12：教师检查纠错，学生改正错误。微评价：☆☆☆☆☆

2. 结合车轮轴承、纵摆臂拆装的相关实操视频，制订拆卸计划，见表 1-2-3。

表 1-2-3　拆卸车轮轴承、纵摆臂工作计划表

工序	内　容	工量辅具
1		
2		
3		
4		
5		

微组织 13：教师检查纠错，学生改正错误。微评价：☆☆☆☆☆

3．根据拆卸计划实施拆卸，并对拆下的车轮轴承、纵摆臂进行检查，写出本任务的故障点，及消除这些故障的方法。

微组织 14：教师检查纠错，学生改正错误。微评价：☆☆☆☆☆

步骤六：安装、试车

1．结合维修手册，制订后桥的安装计划，见表 1-2-4。

表 1-2-4　安装后桥工作计划表

工序	内　　容	工具 / 辅具
1		
2		
3		
4		
5		
6		
7		
8		
9		
10		
11		
12		
13		
14		
15		
16		
17		
18		
19		
20		

微组织 15：教师检查纠错，学生改正错误。微评价：☆☆☆☆☆

2．安装完成后，对车辆进行路试，验证故障现象是否消失、故障是否排除。

微组织 16：教师检查纠错，学生改正错误。微评价：☆☆☆☆☆

案例

案例一：一辆捷豹 XF 汽车，在连续经过不平路面时车身摆动不明显，平路过井盖时较为明显。

检查底盘时发现两后叉臂跟后梁球头有松旷，轴承有间隙，两后轮胎快到更换时间。更换上叉臂、轴承、轮胎。更换上叉臂、轴承后试车发现有好转。但与同款其他车辆比较，还是摆动大一点。尤其车速在 60 km/h 以上时特别明显，怀疑轮胎抓地力不良导致，对调两后轮试车，质检反映有好转。试同款车型都存在轻微摆动，但是车主坚持说以前没有。怀疑定位数据不准，使用四轮定位仪检查定位数据后发现，后轮外倾角正常，但前束不在标准范围，拉线差别不大。重新调准试车改善很多，车主接受，交车。有可能定位数据不准确导致车辆摆动，从而容易引起轴承松旷。

更换后叉臂、后轮轴承，四轮定位调整后试车，故障现象消失，故障排除。

案例二：一辆 2016 年产马自达昂克赛拉汽车，行驶里程约为 50 000 km，行驶在颠簸路段，或减速带时，后备厢与后桥部位会有持续的“嘎啦嘎啦”声。接车后试车验证故障现象，故障现象确实存在。根据故障现象，初步判断故障原因如下：①后备厢内部有螺钉脱落或后备厢内有异物；②后桥支臂螺栓有松动；③后桥托臂内有异物。

将车辆举升检查，发现后桥螺栓正常，无松动现象，后桥托臂内卡有石子。车辆行驶过程中轮胎溅起的石子掉落在下托臂上，下托臂内空间大，石子在其中来回滚动产生异响。可在下托臂内侧填充泡沫，减小石子或异物落入其中的概率。

清理石子后试车，异响消失，故障排除。

任务三　修补轮胎

步骤一：故障现象确认

1. 客户反映自己的 2018 款大众迈腾 B8L 汽车在行驶时仪表盘上轮胎压力监控指示灯点亮，显示右前侧轮胎压力过低。维修人员对车辆右前车轮轮胎进行检查，发现其胎压远远低于标准值。

根据检查判断，右前车轮轮胎胎压远远低于标准值，可能是轮胎扎胎或气门芯损坏而产生漏气造成的，需要进一步对轮胎进行仔细检查，如轮胎扎胎则用外补法或内补法进行轮胎修补，如气门芯损坏则需要对其进行更换。维修完成后，对轮胎压力监控指示灯进行恢复。

2. 结合上述故障现象确认，分析当汽车出现以上两种故障现象时可能对应的故障部位有哪些，并填写图 1-3-1 中的空格。

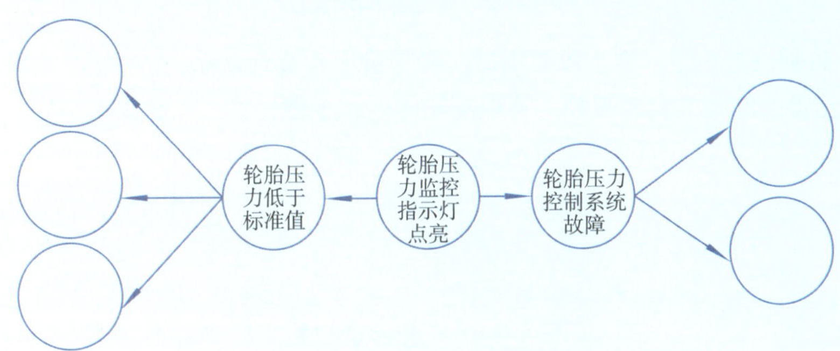

图 1-3-1　故障分析双气泡图

微组织 1：教师检查纠错，学生改正错误。微评价：☆☆☆☆☆

步骤二：作业准备

请认真列出作业准备项目和内容，对照“修补轮胎作业准备情况检查表”核准检查项目内容，见表 1-3-1。若已准备好，请在方框内画上“√”；若有遗漏，请补充后画上“√”。

表 1-3-1　修补轮胎作业准备情况检查表

项　目	内　容
作业场地	选择带有消防设施的作业场地□
设备设施	举升机□　轮胎拆装机□　故障诊断仪□
工量辅具	常用工具套件□　车轮扳手□　扭力扳手□　翼子板布□　胎压表□　滚轮□　深度尺□　平衡钳□　专用补胎锥□
耗材	手套□　抹布□　防护三件套□　补胎胶条□　胶水□　补胎贴片□

微组织 2：教师检查纠错，学生改正错误。微评价：☆☆☆☆☆

步骤三：拆卸、检查车轮

1. 查阅教材，掌握并复述轮胎的相关知识，结合图 1-3-2 在右侧空白表格中默写后轮胎组成结构的名称。

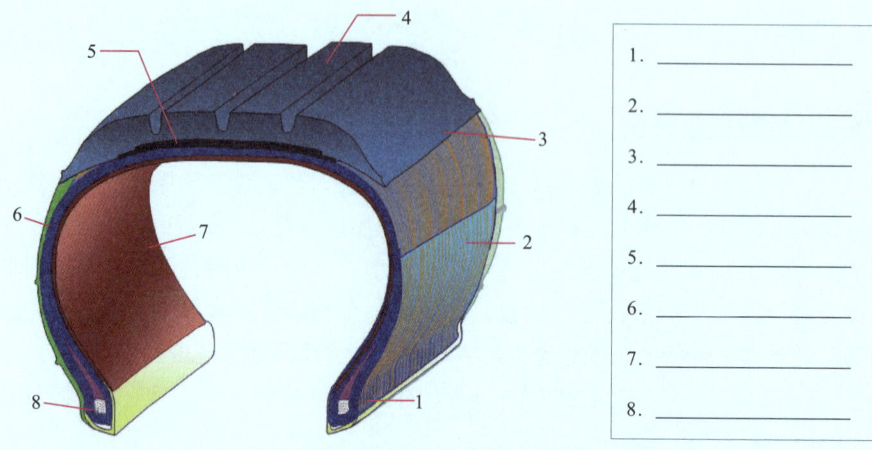

图 1-3-2　轮胎结构示意图

微组织 3：教师检查纠错，学生改正错误。微评价：☆☆☆☆☆

2. 结合车轮拆装的相关实操视频，整理车轮的拆卸步骤，填写完成图 1-3-3。

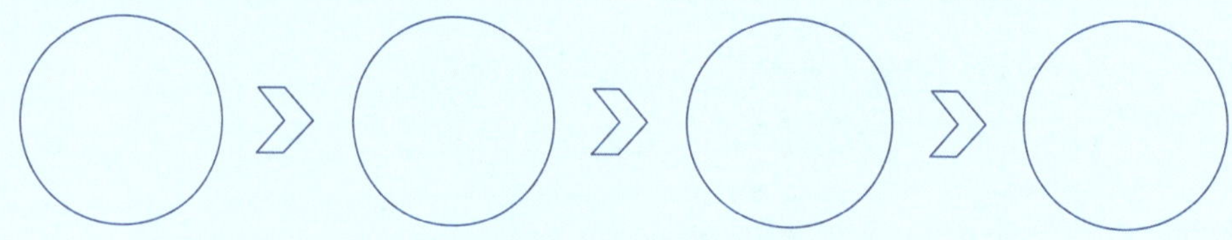
图 1-3-3　车轮拆卸步骤

微组织 4：教师检查纠错，学生改正错误。微评价：☆☆☆☆☆

3. 查阅教材，掌握并复述检查车轮的相关知识，将图 1-3-4 填写完整。

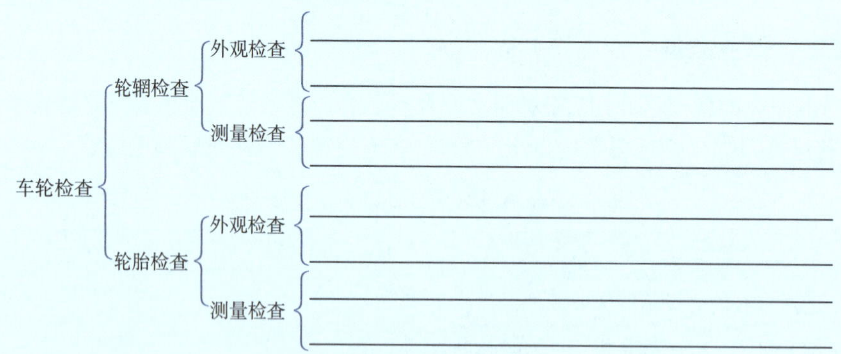

图 1-3-4　车轮检查项目括号图

微组织 5：教师检查纠错，学生改正错误。微评价：☆☆☆☆☆

4. 根据车轮拆卸步骤和检查项目实施拆卸和检查，分别写出本任务关于轮辋和轮胎的检查结果。

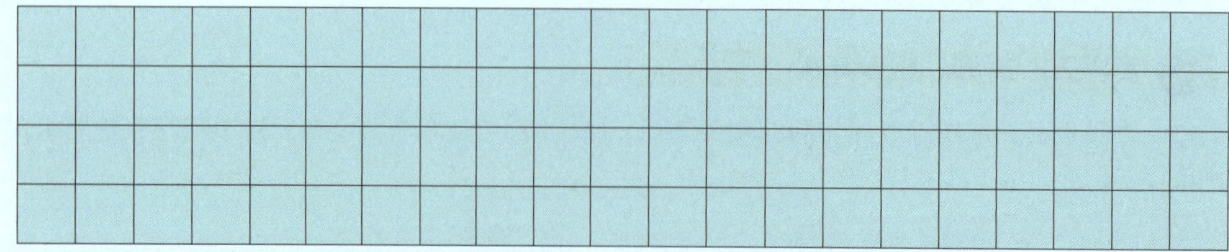

微组织 6：教师检查纠错，学生改正错误。微评价：☆☆☆☆☆

步骤四：修补轮胎

1. 查阅教材，结合轮胎修补外补法的相关实操视频，制订工作计划，见表 1-3-2。

表 1-3-2　修补轮胎（外补法）工作计划表

工序	内　　容	工量辅具
1		
2		
3		
4		

微组织 7：教师检查纠错，学生改正错误。微评价：☆☆☆☆☆

2. 查阅教材，掌握并复述轮胎拆装机的相关知识，结合图 1-3-5 在右侧空白表格中默写轮胎拆装机各组成部分的名称。

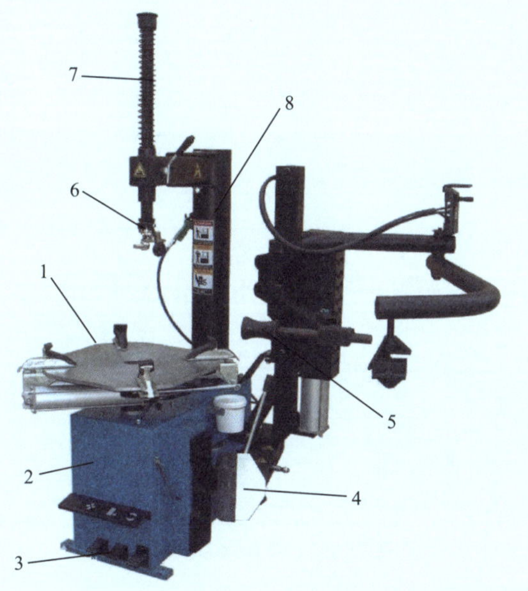

1. ________
2. ________
3. ________
4. ________
5. ________
6. ________
7. ________
8. ________

图 1-3-5　轮胎拆装机

微组织 8：教师检查纠错，学生改正错误。微评价：☆☆☆☆☆

3. 观看实操视频并查阅维修手册，总结轮胎修补内补法的操作步骤，制订工作计划，见表 1-3-3。

表 1-3-3　修补轮胎（内补法）工作计划表

步骤	工序	内　　容	工 量 辅 具
分离轮胎	1		
	2		
	3		
	4		
	5		
	6		
	7		
	8		
	9		
	10		

续表

步骤	工序	内　　容	工 量 辅 具
修补轮胎	1		
	2		
	3		
	4		
	5		
	6		
安装轮胎	1		
	2		
	3		
	4		
	5		
	6		
	7		
	8		

微组织 9：教师检查纠错，学生改正错误。微评价：☆☆☆☆☆

4. 根据外补法和内补法的工作计划实施轮胎修补后，归纳并写出外补法与内补法的区别。

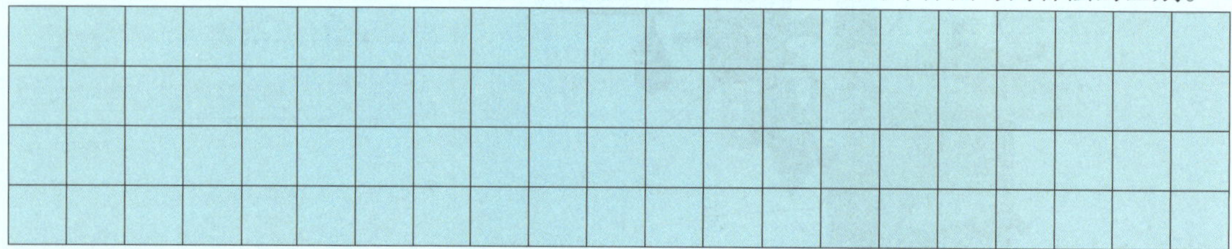

微组织 10：教师检查纠错，学生改正错误。微评价：☆☆☆☆☆

步骤五：安装、试车

1. 结合维修手册，制订安装轮胎、车轮动平衡、消除故障灯的工作计划，见表 1-3-4。

表 1-3-4　工作计划表

工序	内　　容	工量辅具
1		
2		
3		
4		
5		
6		
7		
8		

续表

工序	内　　容	工量辅具
9		
10		
11		
12		
13		
14		
15		
16		
17		
18		
19		
20		
21		
22		
23		
24		

微组织 11：教师检查纠错，学生改正错误。微评价：☆☆☆☆☆

2. 操作完成后，对车辆进行路试，验证故障现象是否消失，故障是否排除。

微组织 12：教师检查纠错，学生改正错误。微评价：☆☆☆☆☆

案例

案例一：一辆2016年产进口奥迪A8L汽车，行驶里程40 000 km，客户反映该车行驶途中仪表板上的胎压报警总是出现，但是检查轮胎并没有漏气的情况。维修人员接车后发现仪表板上轮胎压力监控系统（TPMS）故障灯点亮，使用故障诊断仪VAS505X可以读取到故障码为：轮胎直径信号不可靠。根据多年的维修经验判断，造成此故障代码出现的原因有以下几种：①轮胎本身有问题；②轮胎气压监控控制单元（J793）故障或计算错误；③轮速传感器故障；④牵引力控制单元（ESP）传输故障。

本着由易到难的维修原则，首先检查了四个轮胎的品牌、型号和尺寸都一样，检查四个轮胎的胎压均在正常范围之内。然后对J793进行了更换，故障现象依旧。由于ESP更换较为麻烦，而且出故障的概率也不高，所以还是将重点放在了轮胎上。与用户沟通后得知，由于左前轮之前有过一次爆胎的情况，用户自行购买了一个二手轮胎进行了更换，更换后没多久就出现了此故障。维修人员仔细检查了用户购买的二手轮胎，发现虽然品牌、型号和尺寸都一样，但是与其他三个轮胎的磨损程度却不相同，因此导致了TPMS的报警。

将全车四个轮胎进行了更换，试车后发现故障消失，并且行驶了大约100 km后，故障也没出现，由此判断故障还是由于轮胎自身问题所引起的，故障排除。

案例二：一辆行驶里程约130 000 km，车型为FO2，搭载N54发动机的2009年宝马740Li汽车。用户反映，该车轮胎噪声大。维修人员升车检查，两后轮胎面花纹几乎磨平，两前轮胎面花纹磨成了锯齿状。

检查四轮定位数据，发现与标准值偏差不多。检查轮胎气压，发现普遍偏高，说明轮胎的损坏与胎压过高有关。胎压过高时，车辆的减震性能下降，轮胎的磨损加剧，导致早期老化。

更换轮胎，胎压充至220 kPa，并做四轮定位。2个月后返厂检查，胎面磨损完全正常，故障排除。

任务四　车轮动平衡

步骤一：故障现象确认

1. 客户反映自己的 2018 款大众迈腾 B8L 汽车在高速行驶时一旦车速超过 80 km/h，转向盘就会剧烈抖动。维修人员对车辆进行路试，发现故障现象与客户描述相同。

将车辆用举升机升起，检查车辆的转向系统，各部件未发现异常间隙，转向系统良好，车辆底盘各定位角和前束未发现明显变形，连接螺栓未发现松动，对轮胎外观进行检查，未发现明显变形。询问车主，此车辆一直正常行驶，未长期搁置。经过上述检查，初步判断转向盘在某时速发生抖动时，车轮动平衡可能出现问题，需要对车轮进行动平衡操作。

2. 结合上述故障现象确认，分析当汽车出现以上故障现象时的可能故障部位有哪些，并填写在图 1-4-1 中的大圆圈内。

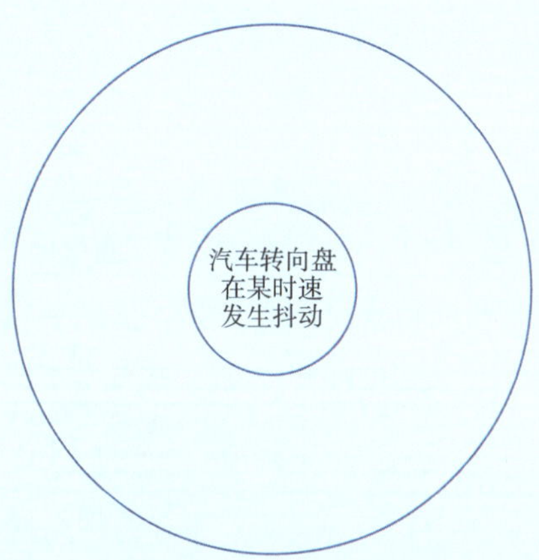

图 1-4-1　故障分析圆圈图

微组织 1：教师检查纠错，学生改正错误。微评价：☆☆☆☆☆

步骤二：作业准备

请认真列出作业准备项目和内容，对照车轮动平衡作业准备情况检查表核准检查项目内容，见表 1-4-1。若已准备好，请在方框内画上“√”；若有遗漏，请补充后画上“√”。

表 1-4-1　车轮动平衡作业准备情况检查表

项　目	内　容
作业场地	选择带有消防设施的作业场地□
设备设施	举升机□　车轮平衡机□
工量辅具	常用工具套件□　车轮扳手□　扭力扳手□　翼子板布□　胎压表□　平衡钳□　深度尺□　百分表□
耗材	手套□　抹布□　防护三件套□　平衡块□

微组织 2：教师检查纠错，学生改正错误。微评价：☆☆☆☆☆

步骤三：拆卸、检查车轮

1. 结合任务三所学知识，默写出车轮的拆卸步骤，见表 1-4-2。

表 1-4-2　拆卸车轮工作计划表

工序	内　容	工量辅具
1		
2		
3		
4		

微组织 3：教师检查纠错，学生改正错误。微评价：☆☆☆☆☆

2. 查阅教材，结合任务三所学知识，掌握并复述轮胎和轮辋外观检查项目，将图 1-4-2 填写完整。

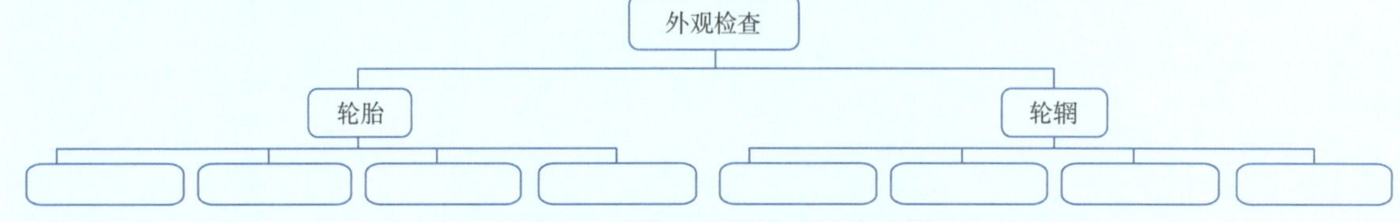

图 1-4-2　轮胎和轮辋外观检查项目

微组织 4：教师检查纠错，学生改正错误。微评价：☆☆☆☆☆

3. 根据车轮拆卸步骤和检查项目实施拆卸和检查，分别写出本任务关于轮辋和轮胎的检查结果。

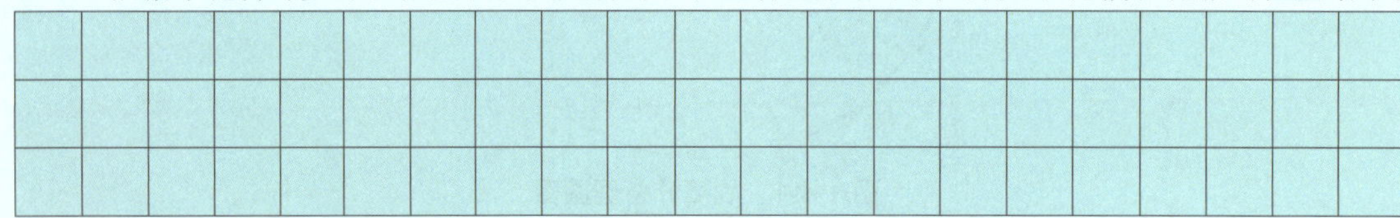

微组织 5：教师检查纠错，学生改正错误。微评价：☆☆☆☆☆

步骤四：平衡车轮

1. 查阅教材，掌握并复述车轮平衡机的相关知识，结合图 1-4-3 在右侧空白表格中默写车轮平衡机各组成部分的名称。

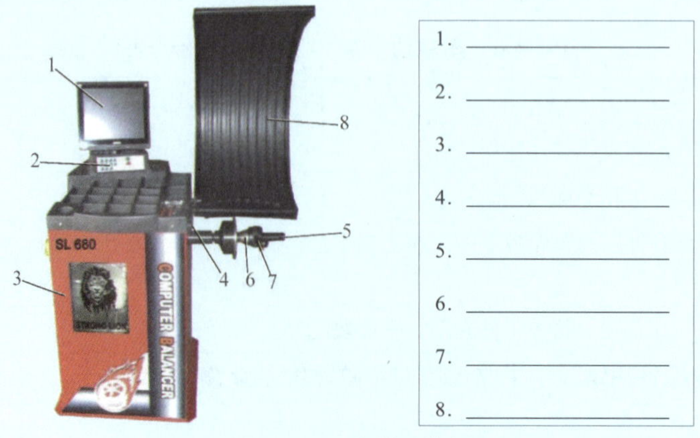

图 1-4-3　车轮平衡机

微组织 6：教师检查纠错，学生改正错误。微评价：☆☆☆☆☆

2. 查阅教材，掌握并复述平衡块分类的相关知识，在表1-4-3中默写平衡块的分类方式及应用情况。

表 1-4-3　平衡块分类及应用

分类方式	应用情况

微组织 7：教师检查纠错，学生改正错误。微评价：☆☆☆☆☆

3. 观看实操视频并查阅维修手册，总结平衡车轮的操作步骤，制订工作计划，见表 1-4-4。

表 1-4-4　平衡车轮工作计划表

步　骤	工　序	内　容
安装车轮	1	
	2	
	3	
	4	
输入数据	1	
	2	
	3	
	4	
	5	
	6	
动平衡检测	1	
	2	
	3	
	4	
	5	
	6	
	7	
	8	
	9	

微组织 8：教师检查纠错，学生改正错误。微评价：☆☆☆☆☆

4. 根据平衡车轮的实际操作，总结并写出关于车轮动平衡的操作原则。

微组织 9：教师检查纠错，学生改正错误。微评价：☆☆☆☆☆

5. 根据平衡车轮的实际操作，结合表 1-4-5 中的图片总结车轮不平衡点的查找方法并填入表中。

表 1-4-5　车轮不平衡点的查找方法

位置	查找步骤	图　　片
轮辋外侧		
轮辋内侧		

微组织 10：教师检查纠错，学生改正错误。微评价：☆☆☆☆☆

6. 查阅教材及相关资料，掌握并复述轮胎压平点、产生原因及消除原则，将图 1-4-4 填写完整。

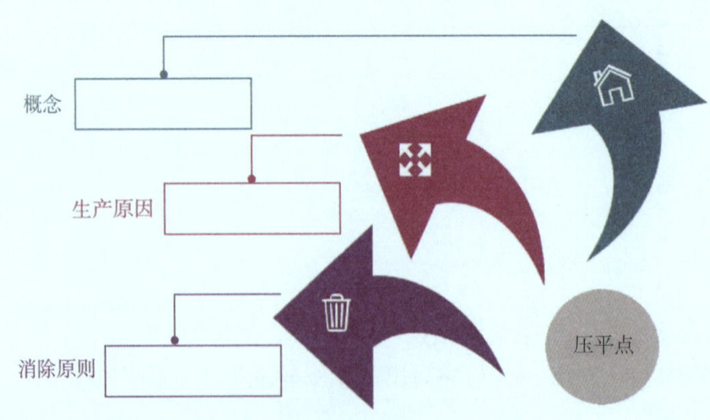

图 1-4-4　轮胎压平点相关信息

微组织 11：教师检查纠错，学生改正错误。微评价：☆☆☆☆☆

步骤五：安装、试车

1. 结合维修手册，制订车轮的安装计划，见表 1-4-6。

表 1-4-6　安装车轮工作计划表

工序	内　容	工量辅具
1		
2		
3		
4		

微组织 12：教师检查纠错，学生改正错误。微评价：☆☆☆☆☆

2. 安装完成后，对车辆进行路试，验证故障现象是否消失、故障是否排除。

微组织 13：教师检查纠错，学生改正错误。微评价：☆☆☆☆☆

案例

案例一：一辆荣威 350 汽车，采用 1.5 L 发动机和自动变速器，累计行驶里程约 15 000 km，当车速在 110 ~ 130 km/h 时，转向盘抖动严重，感觉整个车身都在左右摆动，但车速降到 110 km/h 以下，或超过 130 km/h，上述故障现象消失。根据故障现象分析，导致上述故障的原因可能有：①前轮前束有问题，汽车行驶过程中因碰撞等原因，使得转向横拉杆变形，各连接球头因磨损而连接松旷，前轮前束数值超过标准范围，前轮出现不正常磨损；②轮胎动平衡出现问题，新车在行驶过程中由于各种原因使得轮毂变形，或者轮胎上的平衡块丢失，导致轮胎动不平衡；③前减振器损坏或前悬架连接部分连接松旷，造成汽车行驶不稳定。

因为该车只有达到这个车速范围，故障才会出现，说明前悬架部分应该没有问题。经过了解和实车检查，该车也并未发生过任何交通事故，而且前轮也无异常磨损。测量前轮前束，在标准范围内，检查前减振器等，结果也正常。将两个前轮拆下，在轮胎平衡机上进行检测，发现两个前轮都动不平衡。

将两个前轮在轮胎平衡机上进行轮胎动平衡校正，试车时故障现象消失，故障排除。

案例二：一辆青年客车二级维护后的第二天仅行驶了 50 km，驾驶员就发现转向盘有沉重感并向右偏转，同时车身向右倾斜。将车子靠边停车进行检查，发现右前轮轮胎气压严重不足。该车使用无内胎子午线轮胎，在调换备胎后行驶约 100 km 后，发现两前车轮轮胎气压均严重不足。

拆检两前车轮，发现两前车轮的制动器上均未安装制动衬块压板，两轮胎内层橡胶均发生脱落。制动器上不安装制动衬块压板，制动衬块压板上的弹簧有时会与轮胎的气门嘴碰擦，长时间的机械碰擦导致气门嘴松动，从而使轮胎漏气。

更换两前车轮轮胎并安装制动衬块压板，进行车轮动平衡后试车，两前车轮轮胎不再漏气，故障排除。

任务五　四轮定位

步骤一：故障现象确认

1. 客户反映自己的 2018 款大众迈腾 B8L 汽车在行驶时手一松转向盘，车辆就发生跑偏现象。维修人员对车辆进行路试，发现故障现象与客户描述相同。

首先对轮胎进行检查，四条轮胎的胎压均正常，但有偏磨；对转向系统进行检查，各部件无异常间隙，连接螺栓没有松动；对制动系统进行检查，制动盘和制动摩擦片无异常，制动分泵和制动钳工作状态良好；对前桥进行检查，车轮轴承转动正常。根据上述检查，车辆发生行驶跑偏及轮胎偏磨，有可能是车轮定位不准造成的，要对车辆进行车轮定位操作。

2. 结合上述故障现象确认，查阅教材及相关资料，分析什么情况下需要对车辆进行四轮定位检测，并完成图 1-5-1。

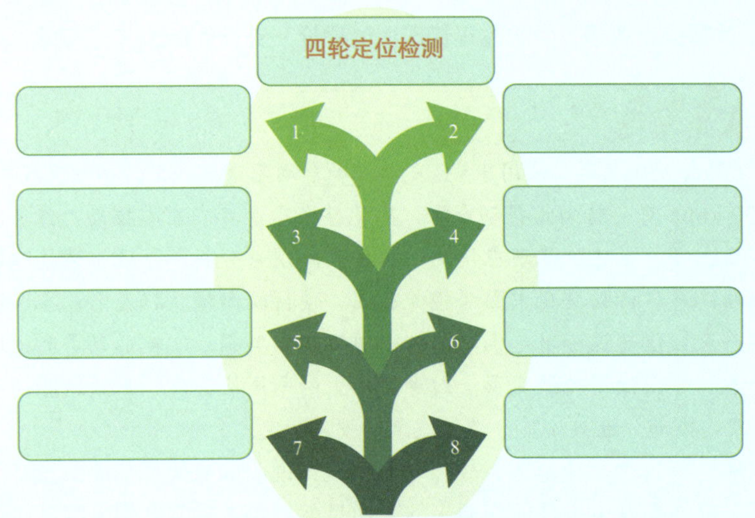

图 1-5-1　四轮定位检测前提条件

微组织 1：教师检查纠错，学生改正错误。微评价：☆☆☆☆☆

步骤二：作业准备

请认真列出作业准备项目和内容，对照“四轮定位作业准备情况检查表”核准检查项目内容，见表 1-5-1。若已准备好，请在方框内画上“√”；若有遗漏，请补充后画上“√”。

表 1-5-1　四轮定位作业准备情况检查表

项　目	内　容
作业场地	选择带有消防设施的作业场地□
设备设施	举升机□　四轮定位仪□　气泵□
工量辅具	常用工具套件□　扭力扳手□　翼子板布□　胎压表□
耗材	手套□　抹布□　防护三件套□

微组织 2：教师检查纠错，学生改正错误。微评价：☆☆☆☆☆

步骤三：检查车轮、底盘

1．结合前期所学知识，默写出车轮、底盘的检查项目，见表 1-5-2。

表 1-5-2　车轮、底盘检查项目表

部　位	内　容	工量辅具
车轮		
底盘		

微组织 3：教师检查纠错，学生改正错误。微评价：☆☆☆☆☆

2．查阅教材及相关资料，掌握并复述四轮定位前的准备工作，将图 1-5-2 填写完整。

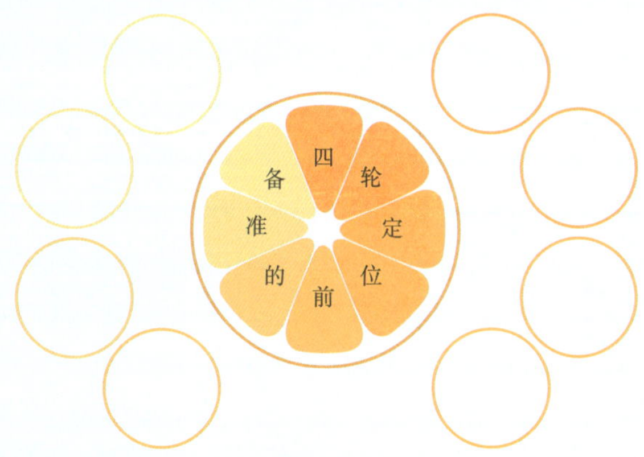

图 1-5-2　四轮定位前的准备工作

微组织 4：教师检查纠错，学生改正错误。微评价：☆☆☆☆☆

3．根据车轮、底盘的检查项目，写出本任务关于车轮、底盘的检查结果；是否可以进行四轮定位检测操作；是否还需要对车辆其他部件进行检查，为什么？

微组织 5：教师检查纠错，学生改正错误。微评价：☆☆☆☆☆

步骤四：四轮定位准备

1．查阅教材，掌握并复述四轮定位仪的相关知识，结合图 1-5-3 在右侧空白表格中默写四轮定位仪各组成部分的名称。

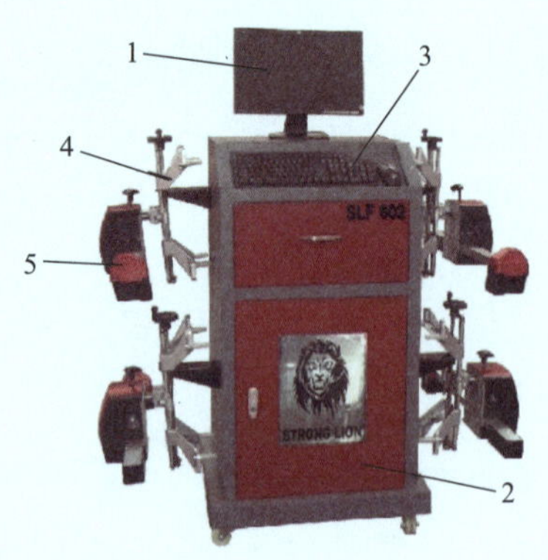

图 1-5-3　四轮定位仪

微组织 6：教师检查纠错，学生改正错误。微评价：☆☆☆☆☆

2．查阅教材，掌握并复述四轮定位参数的相关知识，在表 1-5-3 中默写四轮定位六个参数的定义。

表 1-5-3　四轮定位参数定义

位　　置	参 数 名 称	定　　义
前桥定位参数	前桥外倾角	
	前桥前束	
	主销后倾角	
	主销内倾角	
后桥定位参数	后桥外倾角	
	后桥前束	

微组织 7：教师检查纠错，学生改正错误。微评价：☆☆☆☆☆

3．观看实操视频并查阅维修手册，总结安装四轮定位仪传感器的步骤，制订工作计划，见表 1-5-4，并实施。

表 1-5-4　安装四轮定位仪传感器工作计划表

工序	内　　容	工量辅具
1		
2		
3		
4		
5		
6		
7		

微组织 8：教师检查纠错，学生改正错误。微评价：☆☆☆☆☆

4．查阅教材及相关资料，掌握并复述偏位补偿的相关知识，将图 1-5-4 填写完整。

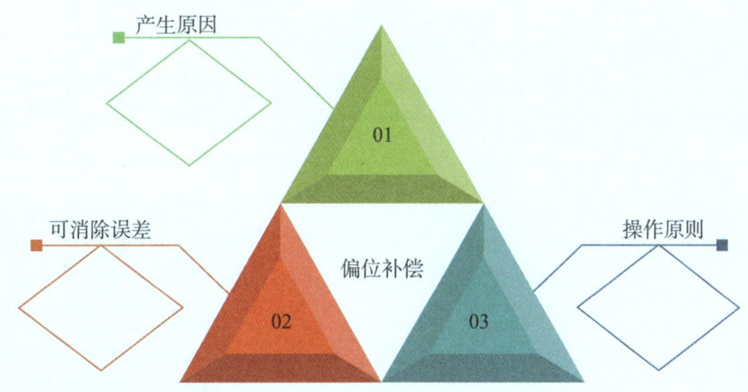

图 1-5-4　偏位补偿

微组织 9：教师检查纠错，学生改正错误。微评价：☆☆☆☆☆

5．结合教师的示范操作，整理车轮偏位补偿的操作步骤，将图 1-5-5 填写完整。

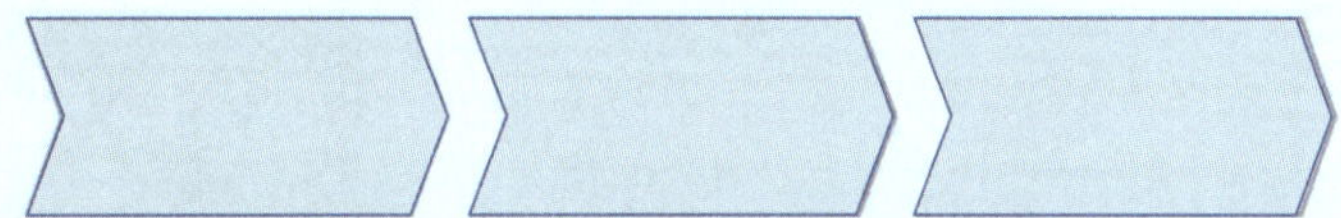

图 1-5-5　车轮偏位补偿操作步骤

微组织 10：教师检查纠错，学生改正错误。微评价：☆☆☆☆☆

6．对四轮定位仪传感器安装情况、偏位补偿完成情况进行检查，写出检查结果，判断是否可以进行下一步操作。

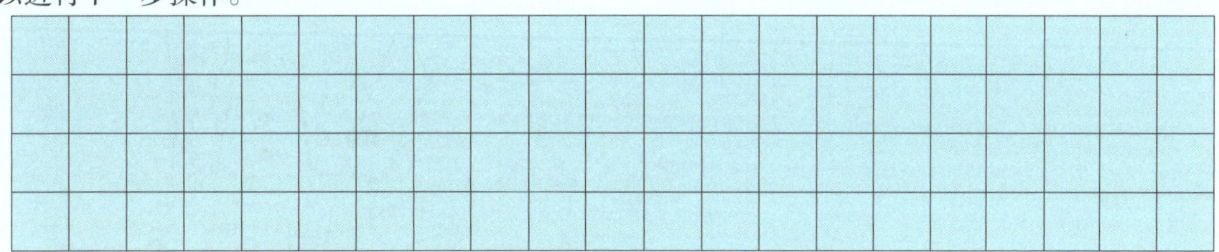

微组织 11：教师检查纠错，学生改正错误。微评价：☆☆☆☆☆

步骤五：四轮定位操作

1．结合四轮定位的相关实操视频，制订检测操作计划，见表 1-5-5。

表 1-5-5　四轮定位检测工作计划表

工序	内　　容
1	
2	
3	
4	
5	
6	
7	
8	
9	

微组织 12：教师检查纠错，学生改正错误。微评价：☆☆☆☆☆

2. 结合教师示范操作、相关实操视频及下表中图片，制订四轮定位调整操作计划，见表 1-5-6，并实施。

表 1-5-6 四轮定位调整工作计划表

参数	调整步骤	图片
前桥外倾角		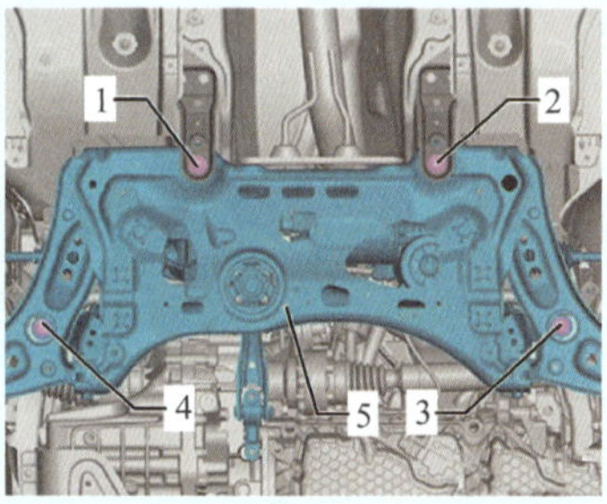 1 2 3 4 5
前桥前束		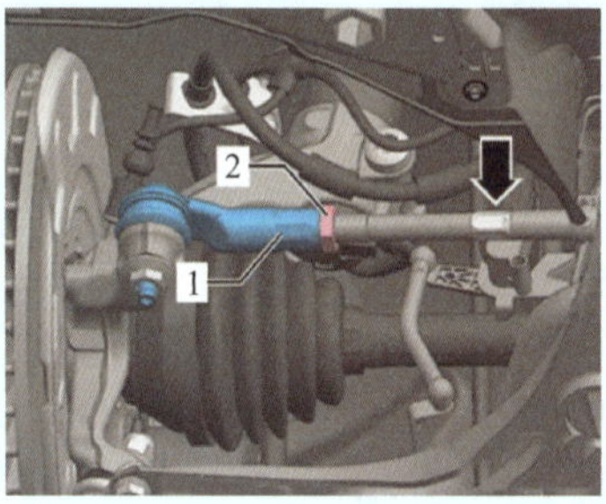 1 2
后桥外倾角		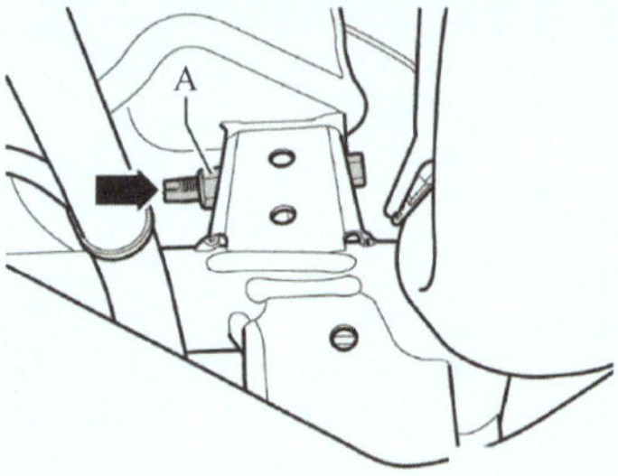 A
后桥前束		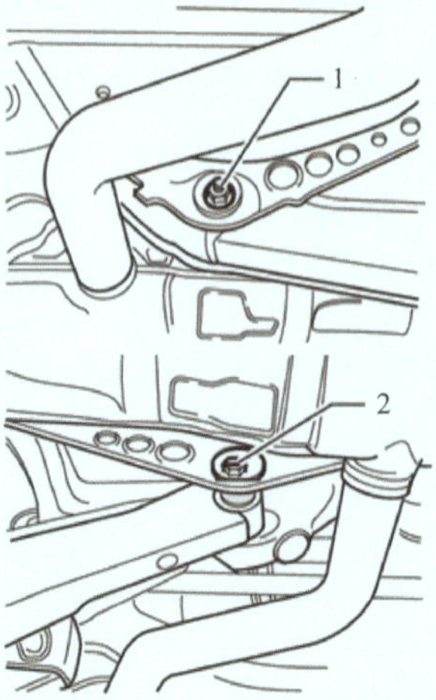 1 2

微组织 13：教师检查纠错，学生改正错误。微评价：☆☆☆☆☆

3. 查阅教材及维修手册，在表 1-5-7 中默写 2018 款大众迈腾 B8L 汽车四轮定位参数的标准值。

表 1-5-7　四轮定位参数标准值

位　置	参　数	标　准　值
前桥定位	车轮外倾角 两侧之间最高允许的差值	
	总前束	
	主销后倾角 两侧之间最高允许的差值	
后桥定位	车轮外倾角 两侧之间最高允许的差值	
	总前束 行驶轴线最大允许偏差	

微组织 14：教师检查纠错，学生改正错误。微评价：☆☆☆☆☆

4. 根据所学的四轮定位检测流程，在图 1-5-6 所示的空格内填上相应的操作步骤。

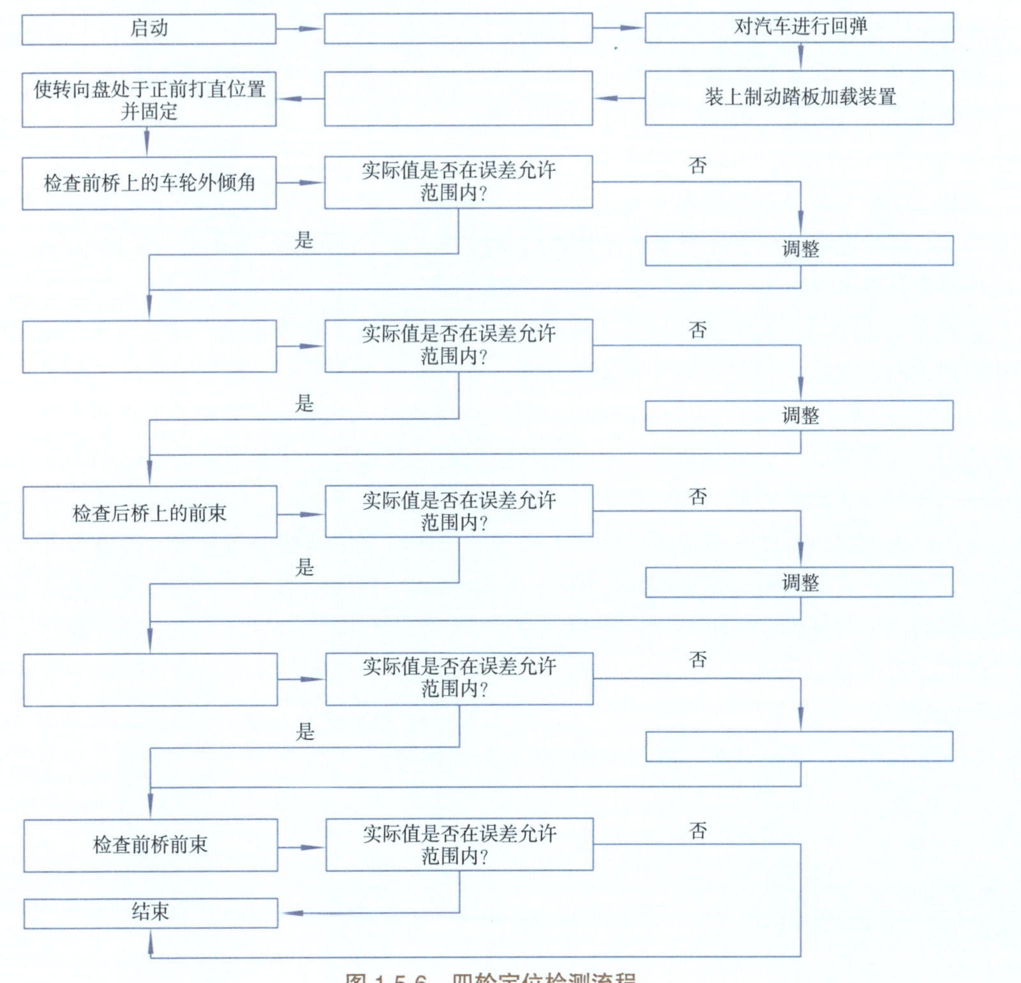

图 1-5-6　四轮定位检测流程

微组织 15：教师检查纠错，学生改正错误。微评价：☆☆☆☆☆

步骤六：试车

对车辆进行路试，验证故障现象是否消失、故障是否排除。

微组织 16：教师检查纠错，学生改正错误。微评价：☆☆☆☆☆

案例

案例一：一辆 2015 年产一汽大众迈腾汽车，装配 CGM 缸内直喷发动机。用户反映车辆无法自行保持直线行驶，会出现向右跑偏的情况。

维修人员首先对四个车轮气压进行校准并对调左右前轮进行试车，故障依旧。进行四轮定位检查，发现前轮前束、前轮外倾角、主销后倾角、主销内倾角、后轮前束、车辆轴距、轮距及对角线全部在正常数据范围内。根据故障原因分析，引起车辆跑偏的主要因素有以下几种：①前轮主销后倾角左右不对称；②前轮外倾角左右不对称；③后轮外倾角左右不对称；④根据前后轴的退缩角可以观察到车辆轴距的变化；⑤轮胎压力不均匀。仔细检查数据后发现，左前轮转向展角测量角度数据出现不正常的情况。直线行驶过程中，左前轮转向展角比右前轮大，判断车辆右跑偏是由于转向前展角出现错误所导致的。错误的两轮转向角度，通常与悬架系统有关联。检查发现，左前悬架下摆臂后支架的固定螺栓位置出现偏移。

松开副车架固定螺栓把副车架往左侧移动后固定，重新检查车辆四轮定位数据，转向前展角测量数据在正常范围内。进行试车后确认故障排除。

案例二：一辆捷达伙伴汽车，在行驶中往左侧跑偏。接车后将车开到平直硬质路面试车，保持车辆直行能感觉到转向盘有较为明显的左向扯拽感，松开转向盘，轿车前行不到 30 m，就从原车道偏移到公路左侧的逆向车道，看来该车行驶跑偏较为严重。

询问车主了解到，该车行驶不到 40 000 km，也从未发生过撞车事故，分别按压车身四角，感觉减震器无明显问题。将轿车举升至适当高度检查，车架无变形，悬架系统无损坏变形，前轴无变形，转向节无松旷，可以排除底盘件磨损老化导致跑偏的可能性；检查轮胎，规格、型号一致，磨损均匀，无明显的“啃胎”现象，检测轮胎压力也没有问题，基本可以排除轮胎因素。询问车主得知，该车不久前曾做过一次四轮定位，之后基本没使用过该车，这次外出就发现轿车存在上述严重的跑偏问题。至此，基本可以断定上述故障是四轮定位调整不当所致。将轿车进行四轮定位操作，先进行主销测量，发现前轮外倾角、前束角均不在规定范围内。进行前轴参数调整，调整时先将转向横拉杆锁紧螺母拧松，用开口扳手锁住靠近转向节的一端，然后进行调整，调整过程中随时注意四轮定位仪屏幕参数的变化，包括锁紧时锁紧螺母对其的影响，确保锁紧后前束角在绿色区域。

四轮定位调整结束后试车，故障现象消失，故障排除。

任务六　维修车身高度传感器

步骤一：故障现象确认

1．客户反映自己的 2018 款大众迈腾 B8L 汽车在行驶时仪表盘上突然出现动态前照灯随动故障。维修人员对车辆进行路试，发现故障现象与客户描述相同。

前照灯随动故障，需要使用故障诊断仪读取故障码，以确定具体的故障部位或故障元件。

2．结合上述故障现象确认，分析当汽车出现前照灯随动故障时的原因可能有哪些，并填写在图 1-6-1 中的图框内。

图 1-6-1　故障原因分析

微组织 1：教师检查纠错，学生改正错误。微评价：☆☆☆☆☆

步骤二：作业准备

请认真列出作业准备项目和内容，对照“维修车身高度传感器作业准备情况检查表”核准检查项目内容，见表 1-6-1。若已准备好，请在方框内画上“√”；若有遗漏，请补充后画上“√”。

表 1-6-1　维修车身高度传感器作业准备情况检查表

项　目	内　容
作业场地	选择带有消防设施的作业场地□
设备设施	举升机□　故障诊断仪□
工量辅具	常用工具套件□　翼子板布□　万用表□
耗材	手套□　抹布□　防护三件套□　车身高度传感器□

微组织 2：教师检查纠错，学生改正错误。微评价：☆☆☆☆☆

步骤三：故障诊断维修

1．查阅教材，掌握并复述车身高度传感器的相关知识，结合图 1-6-2 在右侧空白表格中默写前部车身高度传感器各组成零件的名称。

1. ______________
2. ______________
3. ______________
4. ______________
5. ______________
6. ______________

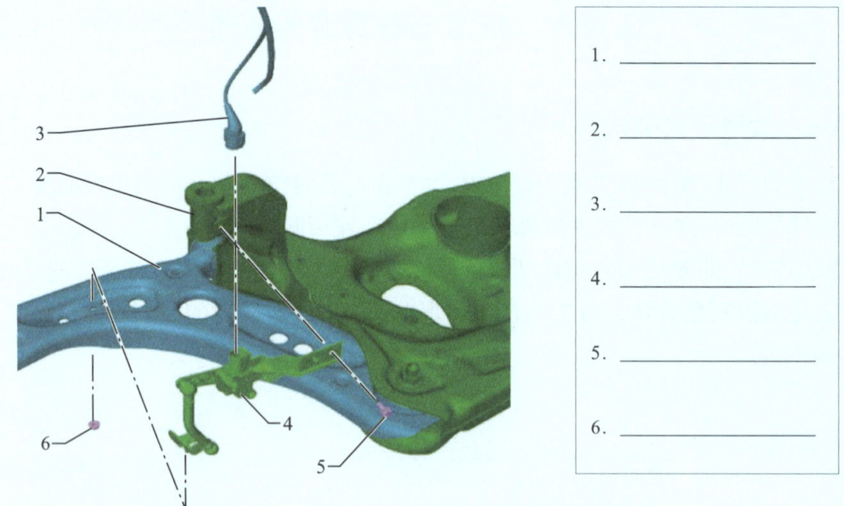

图 1-6-2　前部车身高度传感器装配图

微组织 3：教师检查纠错，学生改正错误。微评价：☆☆☆☆☆

2. 查阅电路图，掌握并复述车身高度传感器电路的相关知识，结合图 1-6-3 在右侧空白表格中默写左前车身高度传感器的控制原理。

1. ______________
____
____
2. ______________
____
____
3. ______________
____
____

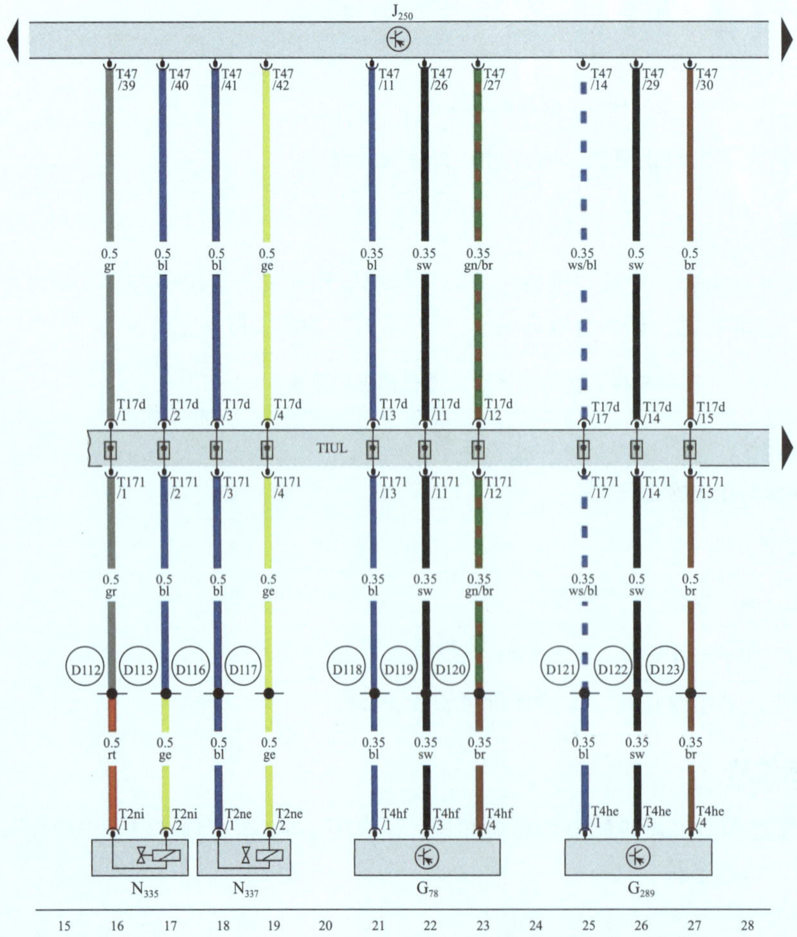

图 1-6-3　左前车身高度传感器电路图

微组织 4：教师检查纠错，学生改正错误。微评价：☆☆☆☆☆

3．结合教师示范操作、相关实操视频及下表中图片，完成左前车身高度传感器故障诊断维修计划，见表 1-6-2。

表 1-6-2　左前车身高度传感器故障诊断维修工作计划表

流程	步　骤
读取故障码	1．首先将点火开关置于 ON 挡，连接故障诊断仪并启动
	2．进入 ODIS 诊断系统，正确选择车辆信息
	3．诊断仪开始对车辆进行诊断
	4． 
	5． 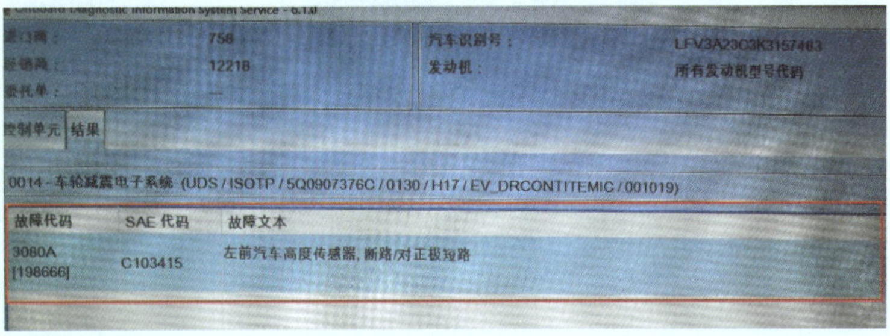
	6． 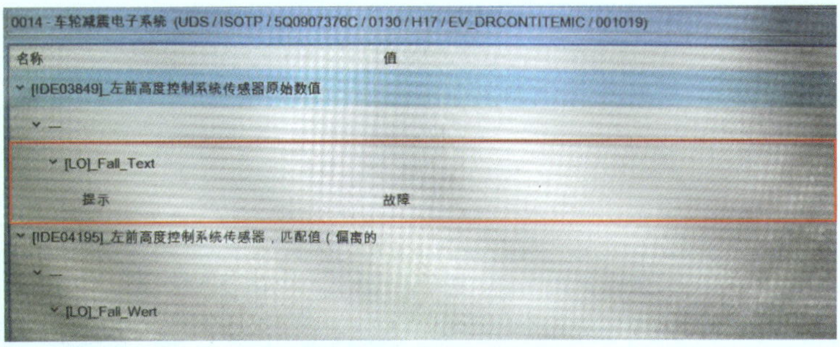
	7．根据故障代码显示，可以判断左前车身高度传感器故障，需要对其进行检查
测量电压	
检查搭铁	
检查导线	

续表

流程	步骤	
检查传感器		0014 - 车轮减震电子系统 (UDS / ISOTP / 5Q0907376C / 0130 / H17 / EV_DRCONTITEMIC / 001019) 名称 值 [IDE03849]_左前高度控制系统传感器原始数值 — [LO]_Fall_Wert 数值 33.05 % [IDE04195]_左前高度控制系统传感器，匹配值（偏离的 — [LO]_Fall_Wert
基本设置		

微组织 5：教师检查纠错，学生改正错误。微评价：☆☆☆☆☆

4. 根据图 1-6-4 至图 1-6-6，总结左前车身高度传感器更换方法，并实施。

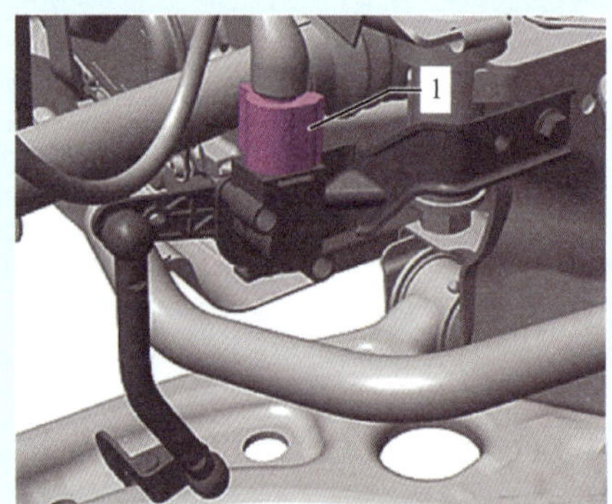

图 1-6-4　传感器插头

图 1-6-5　下摆臂

第一步：________________________________

____

第二步：________________________________

____

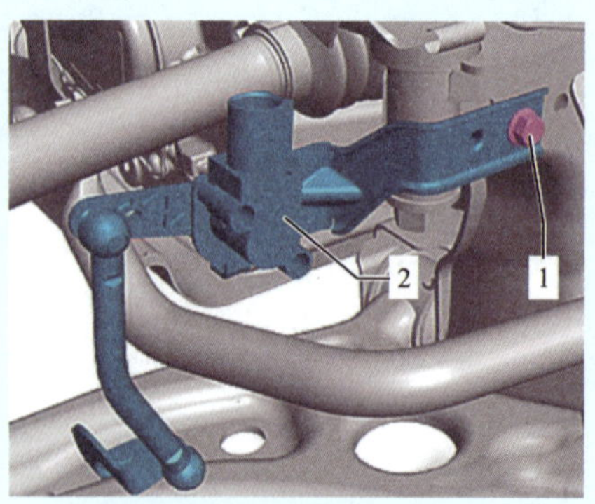

图 1-6-6　传感器固定架

第三步：________________________________

____

第四步：________________________________

第五步：________________________________

微组织 6：教师检查纠错，学生改正错误。微评价：☆☆☆☆☆

5. 根据实际操作，总结并写出左前车身高度传感器的安装原则。

微组织 7：教师检查纠错，学生改正错误。微评价：☆☆☆☆☆

步骤四：试车

对车辆进行路试，验证故障现象是否消失、故障是否排除。

微组织 8：教师检查纠错，学生改正错误。微评价：☆☆☆☆☆

案例

案例一：一辆 2012 款广汽丰田凯美瑞汽车，客户反映仪表盘左侧有个灯光标志的指示灯常亮，要求予以排除。经检查，发现客户所反映常亮的指示灯为前照灯高度自动调节指示器，该指示灯常亮说明该车前照灯高度自动调节系统出现了问题。

连接专用故障诊断仪 GTS 检测，测得的故障代码为 B241A——后高度控制传感器故障。分析导致该故障的原因有：①后高度控制传感器故障；②相关线路或连接器故障；③前照灯自动调节 ECU 故障。读取数据流，后车身高度传感器电源电压显示 4.98 V，正常；而后车身高度传感器信号电压为 0.00 V，不正常，正常情况下，当轿车处于水平状态时，应为 2.5 V 左右。检查传感器至前照灯自动调节 ECU 间的线路及连接器，也正常。该车后车身高度传感器电源输入正常，但没有信号输出，而相关线路及连接器已经检查过，没有问题，前照灯自动调节 ECU 也应该没有问题，于是将故障范围锁定在后车身高度传感器上。拆下后车身高度传感器后，在传感器侧连接器端子 1 和端子 3 上接 4.5 V 电压，然后用万用表测量端子 1 和端子 2 间的电压，当缓慢移动后连杆时该电压始终为 0 V，不正常，正常应在 0.45 ~ 4.05 V 变化，由此证明后车身高度传感器确实损坏。

更换后车身高度传感器后，连接 GTS 消除故障代码，并读取数据流，后车身高度传感器信号电压恢复正常，故障排除。

案例二：一辆 2012 款路虎发现 SUV 汽车在颠簸路面上行驶时，组合仪表突然提示悬架故障，此时底盘升降功能失效。

使用故障诊断仪检测，在行驶高度控制模块内存储有 1 个间歇性故障代码“C1A04-87 右前高度传感器”和 1 个永久性故障代码“C1A69-1C 右前高度传感器供电”。由于故障是在颠簸路面上出现的，怀疑右前高度传感器相关线路有故障。右前高度传感器端子 1 为搭铁端子，端子 4 为信号端子，端子 5 为 5 V 供电端子。测量右前高度传感器的供电和搭铁，均正常。脱开行驶高度控制模块导线连接器 C2321L 和右前高度传感器导线连接器 C3430，测量右前高度传感器与行驶高度控制模块之间 3 根导线的导通性，发现在晃动相关线束时，右前高度传感器信号线的电阻过大。进一步检查发现右侧前照灯处的中间导线连接器 C3009 端子 8 松动。

修复松动的中间导线连接器 C3009 端子 8。试车时，故障现象消失，故障排除。

笔记栏

项目二　维修汽车制动系统

项目任务单

项目描述	完成对汽车制动系统的故障诊断与维修
项目要求	符合 2018 款大众迈腾 B8L 汽车技术要求与标准，正确使用工量具，完成如下作业： 1. 维修盘式制动器； 2. 维修制动管路及排气； 3. 维修制动主缸和真空助力器； 4. 维修电子驻车制动系统； 5. 维修防抱死制动系统
学习目标	1. 准确陈述盘式制动器、制动管路故障诊断方法； 2. 准确陈述制动主缸、真空助力器故障诊断方法； 3. 准确陈述电子驻车制动系统、防抱死制动系统故障诊断方法； 4. 规范地对盘式制动器、制动管路故障进行维修并对制动系统进行排气； 5. 规范地对制动主缸、真空助力器故障进行维修； 6. 规范地对电子驻车制动系统、防抱死制动系统故障进行维修； 7. 养成自觉遵守技术标准、操作规范、“5S”作业标准的好习惯； 8. 树立自信、自立、自强的人生态度； 9. 建立汽车维修经验思维模式
项目载体	2018 款大众迈腾 B8L 汽车制动系统 
计划学时	30 学时

工作页	上课地点		学生姓名		完成 / 未完成
	任课教师		上课时间		优 / 良 / 中 / 及格

项目导入

一、想一想

2018 款大众迈腾 B8L 汽车在行驶中制动或高速降低速时底盘前部出现吭吭异响；行驶中仪表盘上制动警告灯突然点亮；行驶中制动功能失灵了，仪表盘上制动警告灯突然点亮，使用电子驻车功能将车辆停下来；车辆停车执行电子驻车制动时，仪表盘提示“电子驻车制动故障”；行驶过程中，仪表盘上的 ABS 故障指示灯点亮。

请同学们尝试分析一下，哪些部件发生故障可能会导致上述故障现象出现，并用铅笔认真地写在下面方格内。

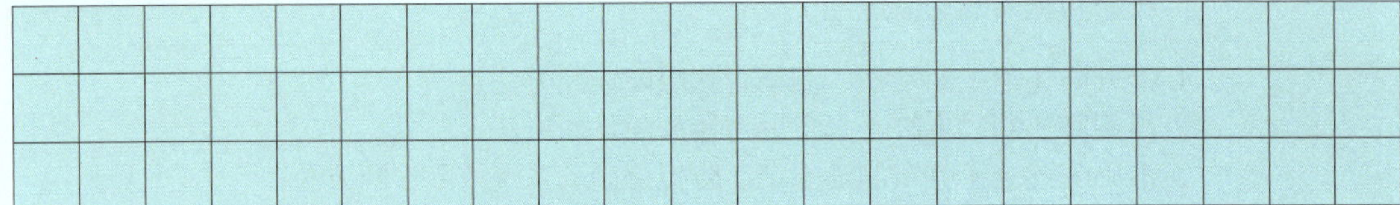

微组织 1：教师检查纠错，学生改正错误。微评价：☆☆☆☆☆

二、写一写

通过前导课程汽车底盘构造与拆装的学习，请同学们默写出汽车底盘制动系统的组成部分以及每部分包含的主要零部件。

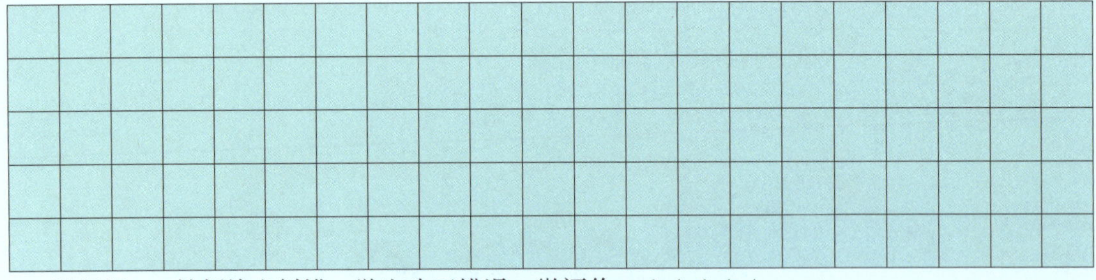

微组织 2：教师检查纠错，学生改正错误。微评价：☆☆☆☆☆

三、查一查

请大声说出安全与防护要求，做好防护准备，同时进行自检和互检。若已完成，请在方框内画上“√”。

- □ 工作服穿戴“四紧”，穿工鞋，戴工帽；
- □ 严禁佩戴手表等金属首饰；
- □ 严禁摆弄与本次任务无关的设备和工具；
- □ 严禁嬉戏打闹。

微组织 3：教师检查纠错，学生改正错误。微评价：☆☆☆☆☆

项目实施

任务一　维修盘式制动器

步骤一：故障现象确认

1. 客户反映自己的2018款大众迈腾B8L汽车在行驶中制动或高速降低速时底盘前部出现“吭吭”异响。维修人员对车辆进行路试，行驶中制动未出现任何异常现象，根据客户描述，将车速提高至120 km/h时开始较快制动，此时异响出现，现象为有节奏的“吭吭”异响，直至车辆完全停止，声音重心位置出现在右前部。

紧固底盘前部所有螺栓，检查球头间隙及胶套均正常，检查轮胎磨损、变形、附着异物，未发现异常，做车轮动平衡，检查半轴总成的等速万向节和半轴均正常。经过对上述零部件的检查，没有发现异常，故将故障范围缩小至右前制动器，对其拆卸并检查。

2. 结合上述故障现象确认，分析当汽车出现以上故障现象时的可能故障部位有哪些，并填写图2-1-1中的空格。

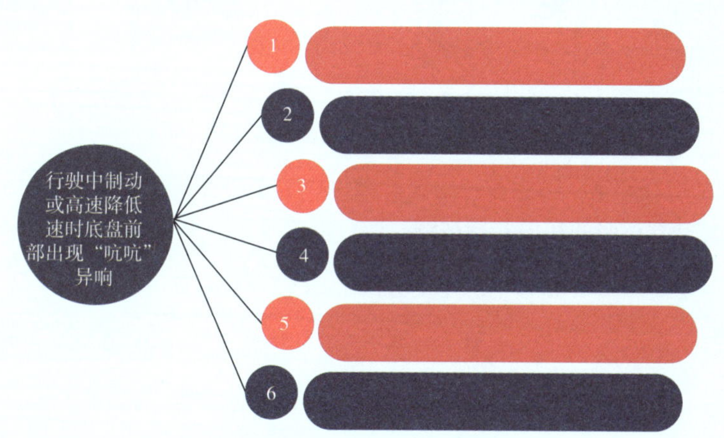

图2-1-1　故障原因分析图

微组织1：教师检查纠错，学生改正错误。微评价：☆☆☆☆☆

步骤二：作业准备

请认真列出作业准备项目和内容，对照维修盘式制动器作业准备情况检查表核准检查项目内容，见表2-1-1。若已准备好，请在方框内画上“√”；若有遗漏，请补充后画上“√”。

表2-1-1　维修盘式制动器作业准备情况检查表

项　目	内　容
作业场地	选择带有消防设施的作业场地□
设备设施	举升机□
工量辅具	常用工具套件□　车轮扳手□　扭力扳手□　翼子板布□　游标卡尺□　分泵活塞回位器□
耗材	制动摩擦片□　手套□　抹布□　防护三件套□　制动盘□　砂纸□

微组织2：教师检查纠错，学生改正错误。微评价：☆☆☆☆☆

步骤三：拆卸、检查制动器

1. 查阅教材，掌握并复述盘式制动器的相关知识，结合图 2-1-2 在右侧空白表格中默写盘式制动器各组成零件的名称。

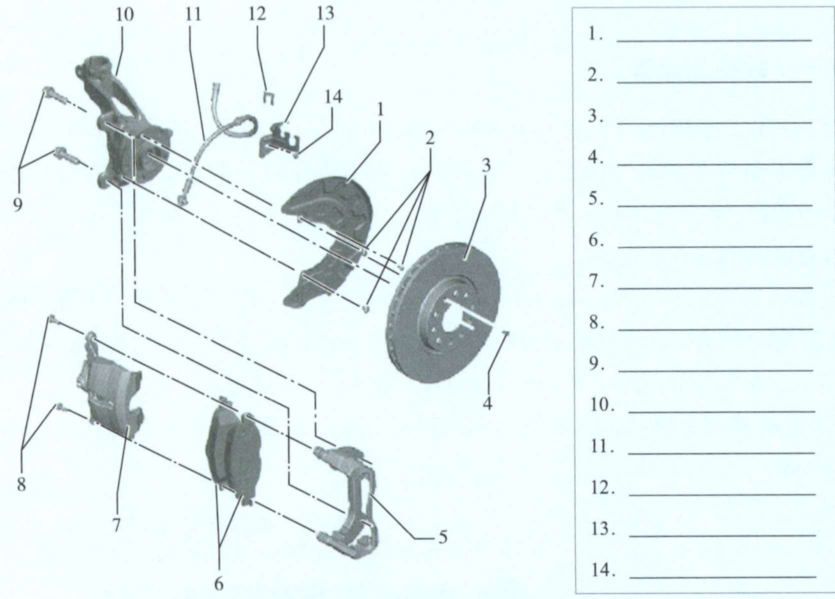

1. ____________
2. ____________
3. ____________
4. ____________
5. ____________
6. ____________
7. ____________
8. ____________
9. ____________
10. ____________
11. ____________
12. ____________
13. ____________
14. ____________

图 2-1-2　盘式制动器装配图

微组织 3：教师检查纠错，学生改正错误。微评价：☆☆☆☆☆

2. 结合盘式制动器拆装的相关实操视频，制订拆卸计划，见表 2-1-2。

表 2-1-2　拆卸盘式制动器工作计划表

工序	内　容	工量辅具
1		
2		
3		
4		
5		

微组织 4：教师检查纠错，学生改正错误。微评价：☆☆☆☆☆

3. 查阅维修手册，掌握并复述前、后轮制动器参数的相关知识，在表 2-1-3 的空格中默写出 2018 款大众迈腾 B8L 汽车前、后轮制动器参数的数值。

表 2-1-3　前、后轮制动器参数数值表

制动器各参数	前轮制动器	后轮制动器
制动摩擦片正常厚度		
不带背板的制动摩擦片磨损极限		
制动盘正常直径		
制动盘正常厚度		

续表

制动器各参数	前轮制动器	后轮制动器
制动盘磨损极限		
制动钳活塞正常直径		
制动盘摩擦面端面跳动值		
制动盘周向厚度差值		

微组织 5：教师检查纠错，学生改正错误。微评价：☆☆☆☆☆

4．结合教师示范操作、相关实操视频及下表中图片，制订检查盘式制动器计划，见表 2-1-4，并实施。

表 2-1-4　检查盘式制动器工作计划表

工序	内　　容	工量辅具	图　　片
1			
2			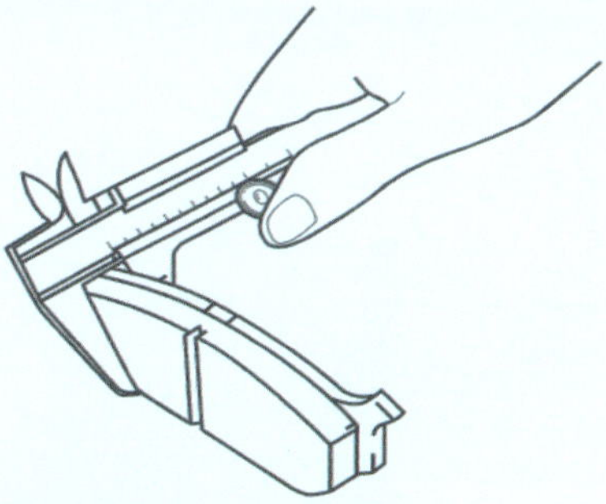
3			

续表

工序	内　　容	工量辅具	图　　片
4			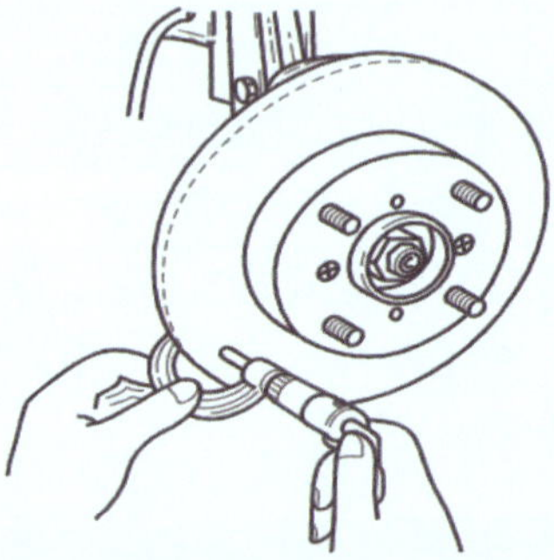
5			
6			
7			

续表

工序	内　　容	工量辅具	图　　片
8			

微组织 6：教师检查纠错，学生改正错误。微评价：☆☆☆☆☆

5. 根据拆卸计划和检查步骤实施拆卸和检查，总结制动摩擦片、制动盘更换原则，填写在表 2-1-5 的空格内。

表 2-1-5　制动摩擦片、制动盘更换原则

零件	更 换 原 则
制动摩擦片	
制动盘	

微组织 7：教师检查纠错，学生改正错误。微评价：☆☆☆☆☆

步骤四：安装、试车

1. 结合维修手册，制订前轮制动器的安装计划，见表 2-1-6。

表 2-1-6　安装前轮制动器工作计划表

工序	内　　容	工量辅具
1		
2		
3		
4		
5		

微组织 8：教师检查纠错，学生改正错误。微评价：☆☆☆☆☆

2. 安装完成后，对车辆进行路试，验证故障现象是否消失、故障是否排除。

微组织 9：教师检查纠错，学生改正错误。微评价：☆☆☆☆☆

3. 根据安装计划实施安装前轮制动器，总结前轮制动器安装原则，填写在空格内。

微组织 10：教师检查纠错，学生改正错误。微评价：☆☆☆☆☆

案例

案例一：一辆 2015 款比亚迪 F3 汽车，发动机型号 BYD473QE，电控系统为德尔福 MT22.1，行驶里程 64 381 km。该车制动向右跑偏，行驶中异响。

首先路试，情况与顾客描述相同。外观检查，一切正常。使用红外线检测仪，检测四轮制动器温度，发现左前轮温度明显低于其他几个轮胎，说明制动效果不佳甚至于无制动效果。拆卸左前轮制动系统，发现制动系统中制动器的摩擦片底板变形，两个导向销能够正常运动，并打黄油。故障原因分析是固定摩擦片的底板变形，其中有一个刹车片松旷，导致摩擦片无法正常工作，制动效果不好，产生异响。经过分析有两种情况可导致底板变形，一种是质量太差，导致变形；一种是维修人员安装不到位，导致变形。

成套更换制动摩擦片，试车，故障现象消失，故障排除。

案例二：一辆 2017 年产马自达昂克赛拉汽车，搭载 1.5 L 发动机，行驶里程约为 18 000 km，因制动时有异响而进厂检修。

试车发现，车辆的左后轮在行驶和制动时均有异响。检查摩擦片，发现左后侧摩擦片已所剩无几，而右后侧摩擦片还有一半左右。怀疑该车存在制动拖滞的故障现象。制动卡滞导致摩擦片和制动盘异常磨损产生异响。联想到厂家此前曾发布过马自达 CX-5 车型电子驻车制动的技术通报。决定按照该技术通报的提示尝试排查昂克赛拉制动卡滞的故障。

更换左后侧制动轮缸、密封圈及双侧摩擦片后试车，故障排除。

任务二　维修制动管路及排气

步骤一：故障现象确认

1. 客户反映自己的2018款大众迈腾B8L汽车在行驶中仪表盘上制动警告灯突然点亮。维修人员对车辆进行路试，起动汽车后，仪表盘上制动警告灯常亮，行驶时踩踏制动踏板，踏板行程增大，制动性能降低。检查制动液储液壶，发现制动液液面低于下限位置。

经过路试，初步判断此故障是由缺少制动液引起的，但也不排除制动系统某部位出现泄漏造成，需做进一步检查。

2. 结合上述故障现象确认，分析当汽车出现以上故障现象时的可能故障部位有哪些，并填写图2-2-1中的空格。

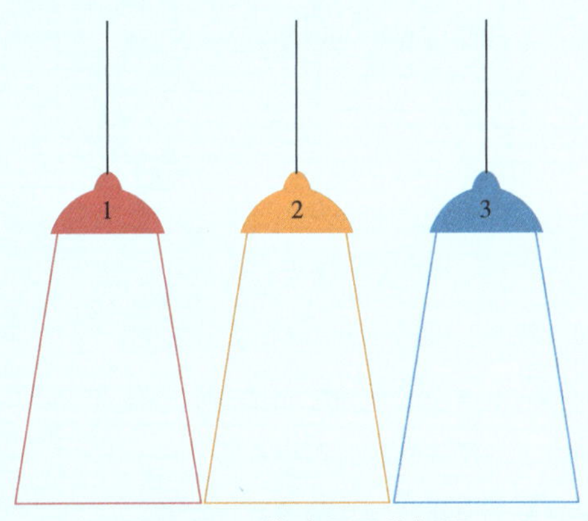

图2-2-1　故障原因分析图

微组织1：教师检查纠错，学生改正错误。微评价：☆☆☆☆☆

步骤二：作业准备

请认真列出作业准备项目和内容，对照“维修制动管路及排气作业准备情况检查表”核准检查项目内容，见表2-2-1。若已准备好，请在方框内画上“√”；若有遗漏，请补充后画上“√”。

表2-2-1　维修制动管路及排气作业准备情况检查表

项　目	内　容
作业场地	选择带有消防设施的作业场地□
设备设施	举升机□
工量辅具	常用工具套件□　扭力扳手□　翼子板布□　制动液回收壶□
耗材	手套□　抹布□　防护三件套□　制动液□　制动管路□

微组织2：教师检查纠错，学生改正错误。微评价：☆☆☆☆☆

步骤三：故障诊断维修

1. 查阅教材及维修手册，掌握并复述制动液的相关知识，将制动液更换操作原则填写在表2-2-2内。

表 2-2-2 制动液更换操作原则

序 号	更换原则
1	不同型号、不同品牌的制动液不许混加，制动液的型号、品牌一定要与原车相符
2	制动液型号一般会标注在储液罐盖子上，或从维修手册中查得
3	
4	
5	如果制动液与上述物体接触，应立即用大量清水清洗
6	
7	
8	抽出的制动液不得再使用
9	废弃的制动液必须严格按照废弃物处理规定进行处理
10	
11	
12	
13	
14	
15	制动液储液罐中的制动液液位必须始终充足，不会有空气进入制动系统中
16	操作完成后，制动钳上的排气螺栓必须要拧紧
17	操作完成后，需要将制动钳排气阀上的盖罩重新盖上
18	

微组织 3：教师检查纠错，学生改正错误。微评价：☆☆☆☆☆

2. 结合教师示范操作、相关实操视频及表 2-2-3 中图片，制订检查制动液计划，并实施。

表 2-2-3 检查制动液工作计划表

工序	内 容	图 片
1		

续表

工序	内　　容	图　　片
2		

微组织 4：教师检查纠错，学生改正错误。微评价：☆☆☆☆☆

3. 结合教师示范操作、相关实操视频及表 2-2-4 中图片，制订补充制动液计划，并实施。

表 2-2-4　补充制动液工作计划表

工序	内　　容	图　　片
1	清理制动液储液壶上的灰尘	
2	打开旋盖	
3		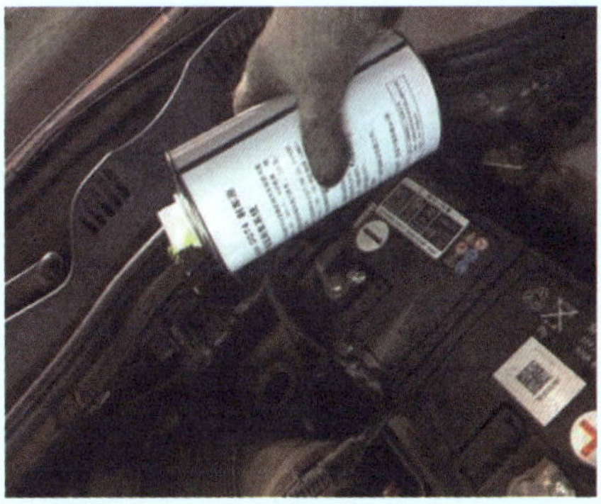
4		

微组织 5：教师检查纠错，学生改正错误。微评价：☆☆☆☆☆

4. 如果已添加制动液，但是经过一段时间后故障现象重复出现，说明可能是车辆制动系统存在泄漏，请将图 2-2-2 的空格补充完整。

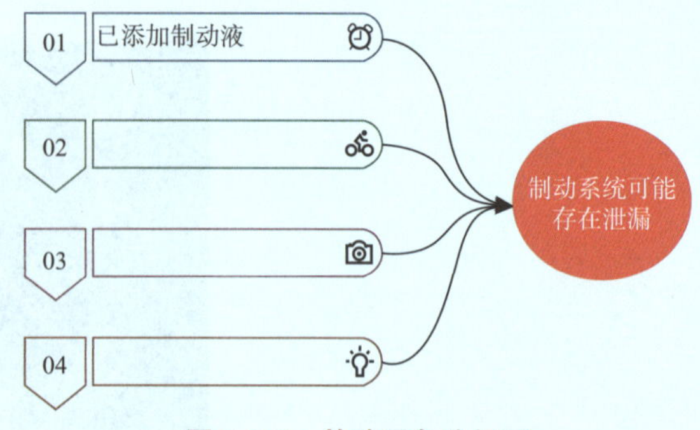

图 2-2-2 故障现象分析图

微组织 6：教师检查纠错，学生改正错误。微评价：☆☆☆☆☆

5. 查阅教材及维修手册，掌握并复述制动系统的相关知识，在表 2-2-5 的空格中默写出制动系统各组成部件泄漏的维修原则。

表 2-2-5 制动系统泄漏维修原则

零件	维 修 原 则
制动主缸	
ABS 泵	
制动管路	
制动器	
制动摩擦片	

微组织 7：教师检查纠错，学生改正错误。微评价：☆☆☆☆☆

6. 结合教师示范操作、相关实操视频及表2-2-6中图片，制订检查、更换制动管路计划，并实施。

表2-2-6　检查、更换制动管路工作计划表

工序	内　容	工量辅具	图　片
1			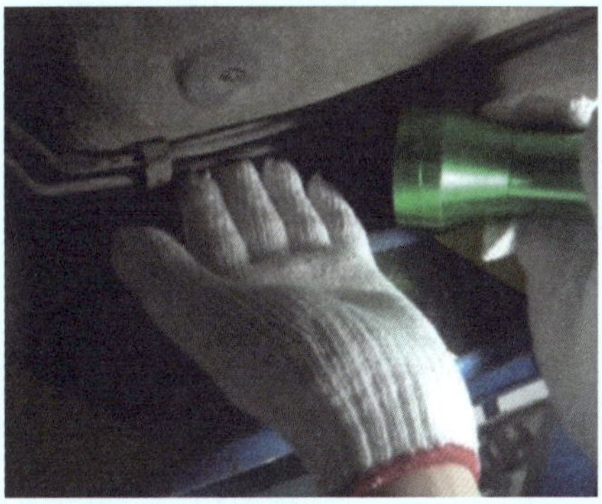
2			
3			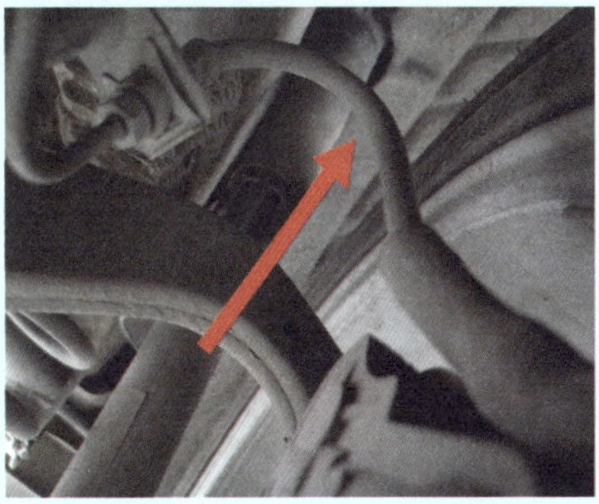
4			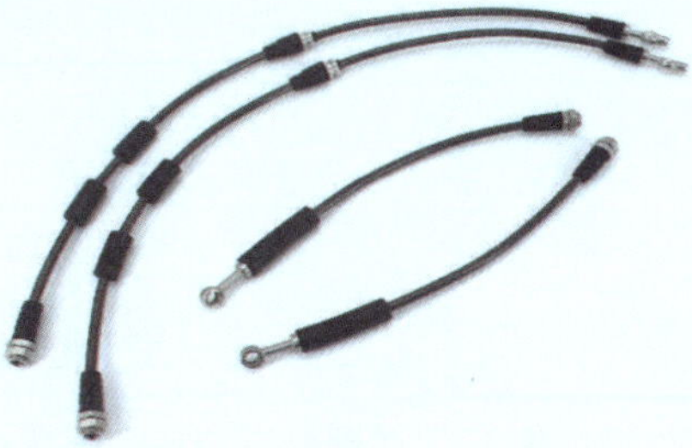

续表

工序	内　容	工量辅具	图　片
5			

微组织 8：教师检查纠错，学生改正错误。微评价：☆☆☆☆☆

7．根据制动管路检查步骤实施检查，总结制动管路检查项目，填写在图 2-2-3 的空格内。

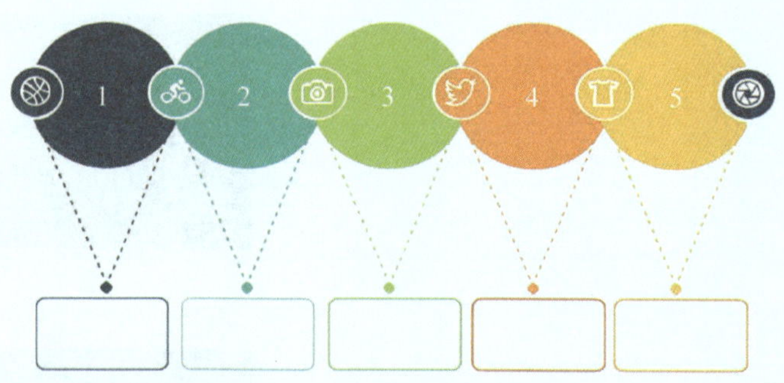

图 2-2-3　制动管路检查项目

微组织 9：教师检查纠错，学生改正错误。微评价：☆☆☆☆☆

8．根据制动管路更换步骤实施操作，总结制动管路更换操作原则，填写在图 2-2-4 的空格内。

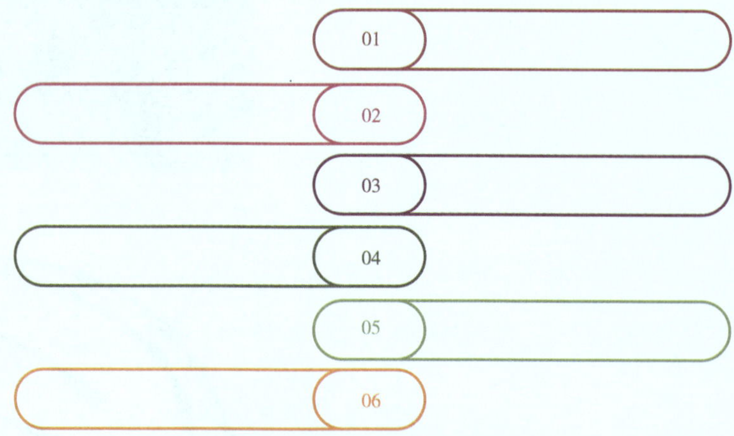

图 2-2-4　制动管路更换操作原则

微组织 10：教师检查纠错，学生改正错误。微评价：☆☆☆☆☆

9．结合制动系统排气的相关实操视频，制订排气计划，见表 2-2-7。

表 2-2-7　制动系统排气工作计划表

工序	内　　容	设备 / 工具
1		
2		
3		
4		
5		
6		
7		
8		
9		

微组织 11：教师检查纠错，学生改正错误。微评价：☆☆☆☆☆

10．结合制动系统排气的实际操作，总结制动系统人工排气法操作分工，并填写表 2-2-8。

表 2-2-8　制动系统人工排气法操作分工表

工作人员及工作位置	车外（维修人员甲）	驾驶室（维修人员乙）
工作内容		×
		×
		×
	×	
		×
	×	
		×
		×
		×
	×	

微组织 12：教师检查纠错，学生改正错误。微评价：☆☆☆☆☆

步骤四：试车

1．对车辆进行路试，验证故障现象是否消失、故障是否排除。

微组织 13：教师检查纠错，学生改正错误。微评价：☆☆☆☆☆

2. 根据故障排除验证，总结制动系统性能检测步骤，并将表 2-2-9 填写完整。

步骤	原地检测	行驶检测
1	将点火开关拧至 START 位置，然后关闭。用中等力踩制动踏板并保持位置，注意踏板行程和脚感	×
2		×
3	×	如踩制动踏板感到坚实而稳定且踏板行程不过大，则进行车辆路试，以中速行驶进行几次正常制动，以确保制动系统功能正常
4		

微组织 14：教师检查纠错，学生改正错误。微评价：☆☆☆☆☆

案例

案例一：一辆雪佛兰乐风家用汽车，行驶里程为 67 271 km，客户反映踩制动踏板时车辆向右跑偏。

将车举升，检查发现踩下制动踏板，左前轮仍然可以转动，并且左前轮制动盘上有明显锈迹，而右前轮则很正常，没有任何锈迹，说明左前轮轮缸在制动时没有工作。拧开左前轮轮缸油管接头，发现踩制动踏板时没有制动液流出。拧开左后轮轮缸油管接头，发现踩制动踏板时虽然有制动液流出，但是明显压力低，流量小。从液压控制单元上拆下左前轮的油管接头，踩制动踏板时也不出油，说明可能是液压控制单元内部电磁阀卡滞或者油道堵塞。

彻底清洗油管，包括制动液储液壶，之后更换 ABS 总成，对制动系统进行排气，试车时故障现象消失，故障排除。

案例二：一辆累计行驶里程约为 166 000 km 的 2009 年产汉兰达汽车，车主向维修技术人员反映，制动时有时无。维修技术人员在对车辆进行维护作业时发现该车使用的制动液并非原厂制动，制动液呈红色。于是，维修技术人员在征得车主同意后，换成了原厂的制动液。

详细检查所有的制动液管，没有发现渗漏的地方。把制动液抽干净，将制动液储液壶拆下来检查，发现制动液储液壶的底部有一些黏黏的油脂。用手摸上去就像硅润滑脂一样。初步估计就是这种油脂把制动主缸的进油孔堵塞了。拆下制动主缸，发现制动主缸的小油壶里也有这种膏状油脂。用手按压制动主缸活塞，发现前半段行程很紧，但行程过了一半之后，突然有一段行程像空了一样，没有阻尼，最后又是很紧，这说明制动主缸确实是有问题，于是把制动主缸的活塞拔出来检查，发现里面全部是油脂，征得车主同意，订购了新的制动主缸和油壶回来。由于制动主缸里面有大量的膏状油脂，估计制动管路和 ABS 总成、制动轮缸里面也会有这样的膏状油脂，因此对整个制动系统进行拆检清洗。由于 ABS 总成不能拆解清洗，于是跟车主交涉，更换 ABS 总成。

对制动系统管路用热水进行清洗并用高压氮气吹干净，更换制动轮缸修理包、制动主缸总成、ABS 总成，并重新对制动系统进行排气后试车，故障排除。

任务三　维修制动主缸和真空助力器

步骤一：故障现象确认

1．客户反映自己的2018款大众迈腾B8L汽车在行驶中制动功能失灵了，仪表盘上制动警告灯突然点亮，幸好车速较慢，使用电子驻车功能将车辆停下来。维修人员启动汽车后，仪表盘上制动警告灯常亮，制动踏板连接正常，踩踏制动踏板，脚感很硬，行程很小。检查制动液储液壶，发现制动液液面低于下限位置。

制动液液面下降异常并且仪表盘上制动警告灯点亮，说明制动系统的某个部位可能有泄漏。检查制动踏板连接，各部件均正常。踩踏制动踏板脚感很硬，行程很小，说明制动系统的助力机构可能出现故障。重新加注制动液后进行试车，再逐一进行检查。

2．结合上述故障现象确认，总结什么故障原因会导致车辆出现上述故障现象，并填写图2-3-1中的空格。

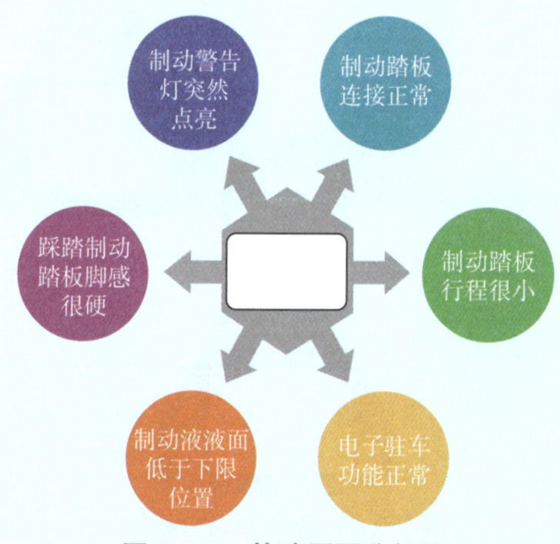

图2-3-1　故障原因分析图

微组织1：教师检查纠错，学生改正错误。微评价：☆☆☆☆☆

步骤二：作业准备

请认真列出作业准备项目和内容，对照维修制动主缸和真空助力器作业准备情况检查表核准检查项目内容，见表2-3-1。若已准备好，请在方框内画上“√”；若有遗漏，请补充后画上“√”。

表2-3-1　维修制动主缸和真空助力器作业准备情况检查表

项　目	内　容
作业场地	选择带有消防设施的作业场地□
设备设施	举升机□　制动液充放机□
工量辅具	常用工具套件□　扭力扳手□　翼子板布□
耗材	手套□　抹布□　防护三件套□　制动液□　真空助力器□　主缸□

微组织2：教师检查纠错，学生改正错误。微评价：☆☆☆☆☆

步骤三：补充、检查制动液

1. 查阅教材及维修手册，掌握并复述制动液的相关知识，将制动液的特性填写在表 2-3-2 内。

表 2-3-2　制动液特性

序　号	特　性
1	黏温性好，凝固点低，低温流动性好
2	
3	
4	

微组织 3：教师检查纠错，学生改正错误。微评价：☆☆☆☆☆

2. 查阅教材及维修手册，掌握并复述制动液的相关知识，将制动液的性能要求填写在图 2-3-2 的空格内。

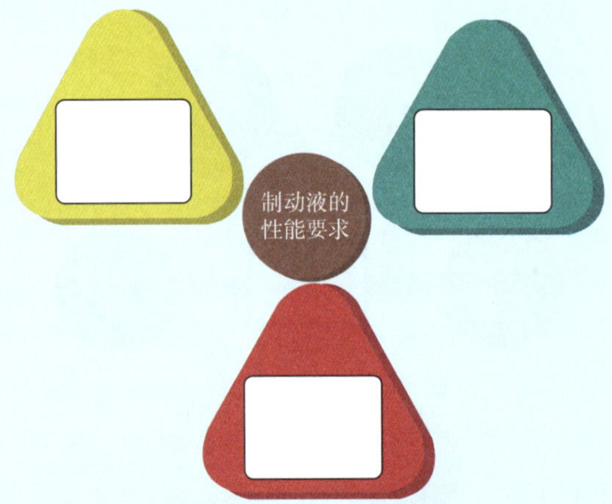

图 2-3-2　故障原因分析图

微组织 4：教师检查纠错，学生改正错误。微评价：☆☆☆☆☆

3. 结合任务二所学知识，制订补充、检查制动液计划，见表 2-3-3。

表 2-3-3　补充、检查制动液计划

工　序	步　骤
补充制动液	
试车	
检查制动系统泄漏	

微组织 5：教师检查纠错，学生改正错误。微评价：☆☆☆☆☆

步骤四：拆卸制动主缸和真空助力器

1．查阅教材，掌握并复述真空助力器 / 制动主缸的相关知识，结合图 2-3-3 在右侧空白表格中默写真空助力器 / 制动主缸各组成零件的名称。

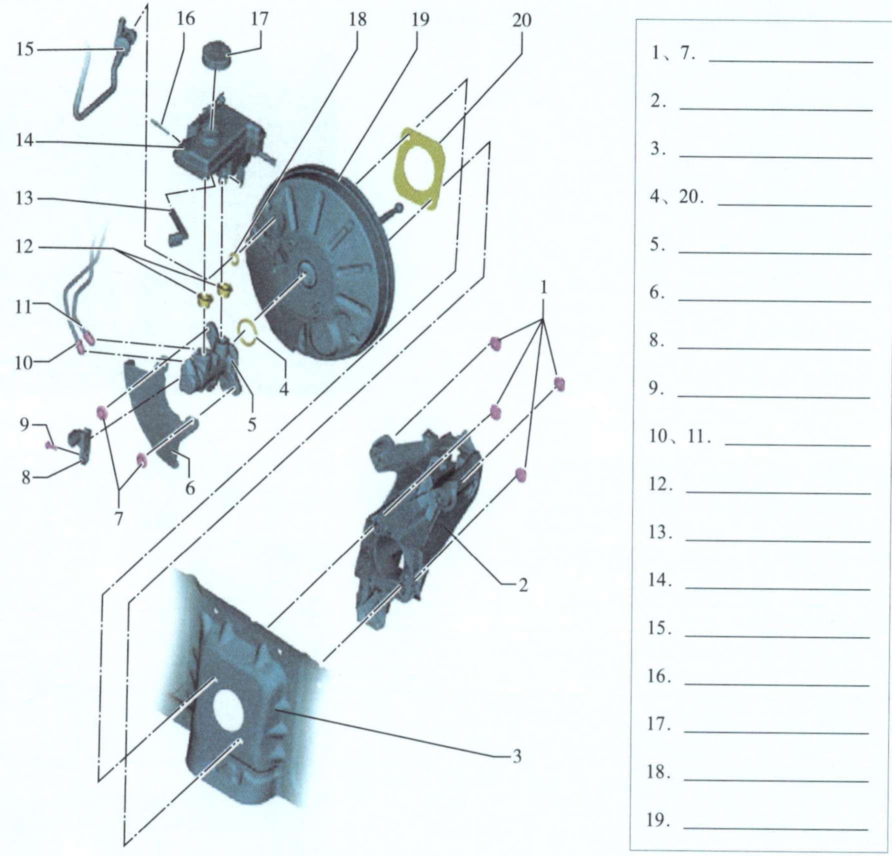

1、7. ____________

2. ____________

3. ____________

4、20. ____________

5. ____________

6. ____________

8. ____________

9. ____________

10、11. ____________

12. ____________

13. ____________

14. ____________

15. ____________

16. ____________

17. ____________

18. ____________

19. ____________

图 2-3-3　真空助力器 / 制动主缸装配图

微组织 6：教师检查纠错，学生改正错误。微评价：☆☆☆☆☆

2．查阅教材及维修手册，掌握并复述真空助力器的相关知识，在表 2-3-4 的空格中默写出真空助力器功能检测原则。

表 2-3-4　真空助力器功能检测原则

序号	功能检测原则
1	
2	
3	
4	
5	

微组织 7：教师检查纠错，学生改正错误。微评价：☆☆☆☆☆

3．结合教师示范操作、相关实操视频及下表中图片，制订拆卸制动主缸和真空助力器计划，见表 2-3-5，并实施。

表 2-3-5 拆卸制动主缸和真空助力器工作计划表

工序	内　容	工量辅具	图　片
1			
2			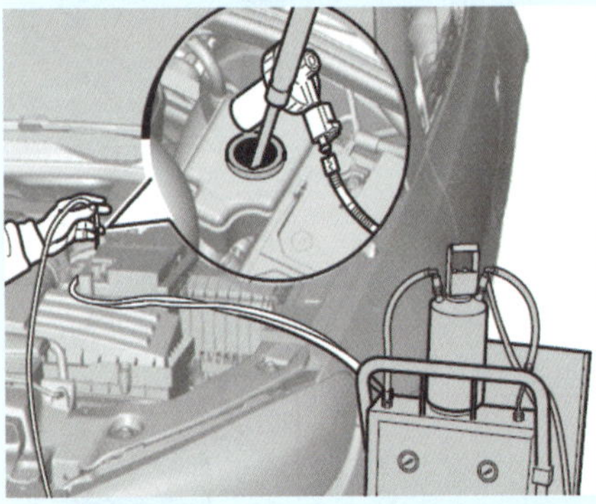
3			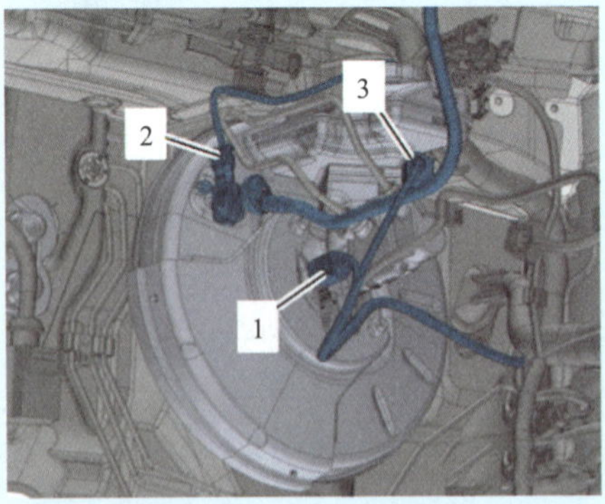 1 2 3
4			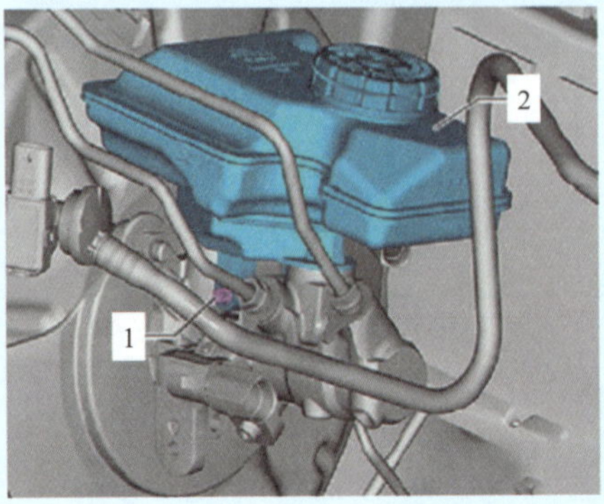 1 2

续表

工序	内　　容	工量辅具	图　　片
5			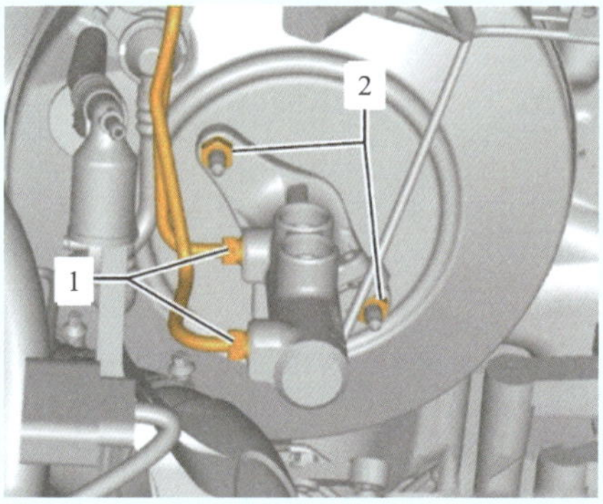 1 2
6			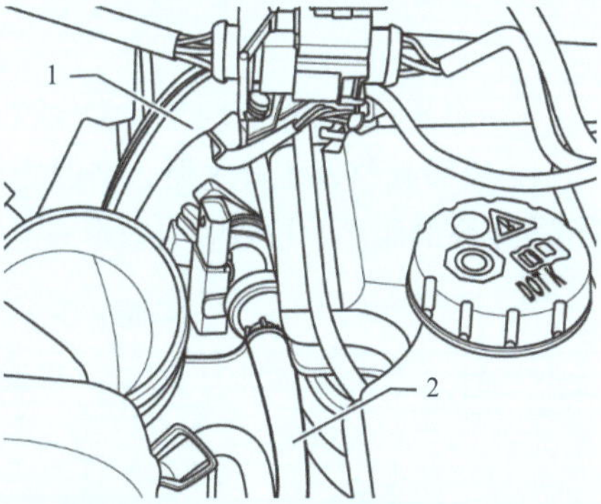 1 2
7			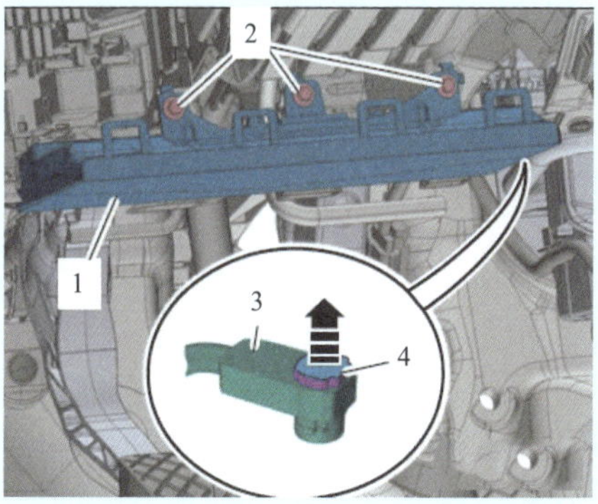 1 2 3 4
8			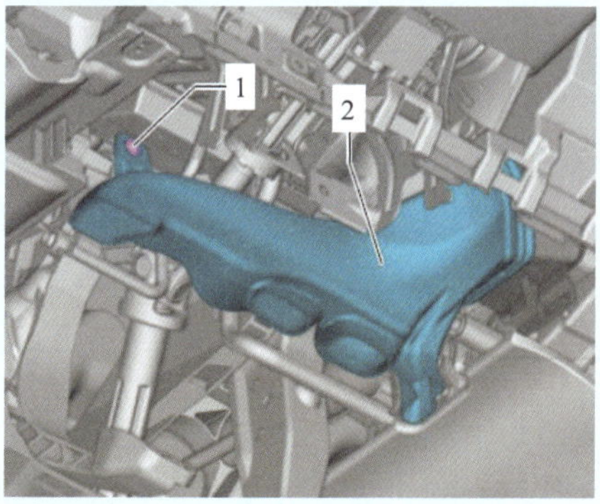 1 2

续表

工序	内　　容	工量辅具	图　　片
9			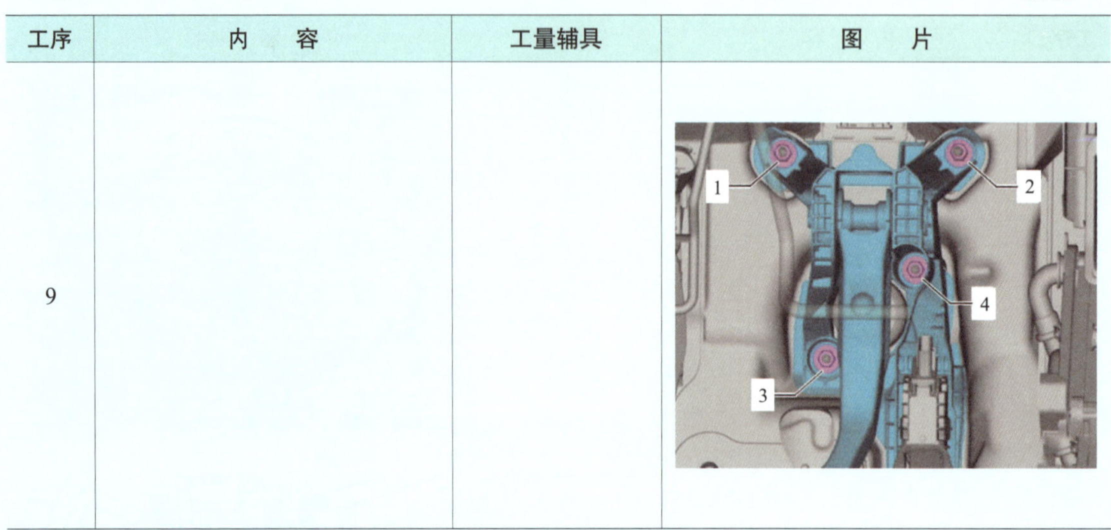

微组织 8：教师检查纠错，学生改正错误。微评价：☆☆☆☆☆

4. 查阅教材及维修手册，掌握并复述真空泵的相关知识，根据表 2-3-6 中的图片在空格处默写出真空泵的作用、位置和失效形式。

表 2-3-6　真空泵的作用、位置和失效形式

项　　目	内　　容	图　　片
真空泵的作用、位置		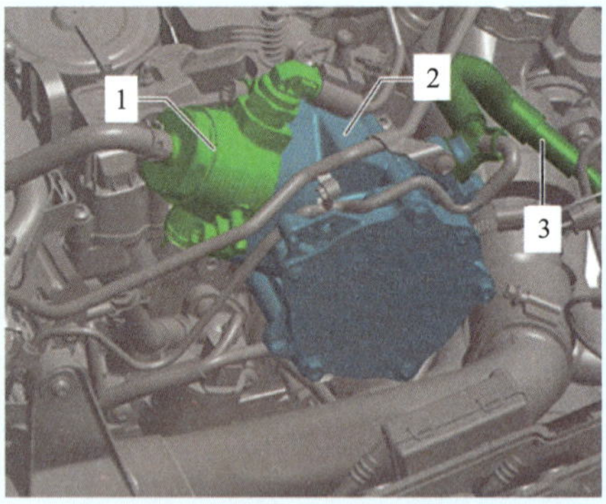
真空泵的失效形式		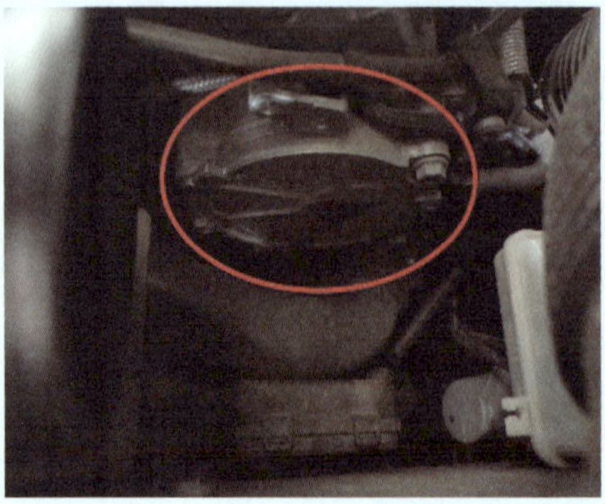

微组织 9：教师检查纠错，学生改正错误。微评价：☆☆☆☆☆

5．如真空助力器上的止回阀失效，则真空助力器会失去真空源，将无法正常工作。失去助力的制动踏板，踩踏时脚感很硬，踩踏费力，行程较小。请结合维修手册，制订止回阀检测计划，见表 2-3-7。

表 2-3-7　止回阀检测工作计划表

工序	内　容	图　片
1		
2		
3		
4		
5		

微组织 10：教师检查纠错，学生改正错误。微评价：☆☆☆☆☆

6．查阅教材及维修手册，掌握并复述真空传感器的相关知识，根据表 2-3-8 中的图片在空格处默写出真空传感器的拆卸步骤。

表 2-3-8　真空传感器拆卸工作计划表

序号	步　骤	图　片
1		
2		

微组织 11：教师检查纠错，学生改正错误。微评价：☆☆☆☆☆

步骤五：安装、试车

1．结合维修手册，制订安装真空助力器和制动主缸的工作计划，见表 2-3-9。

表 2-3-9　工作计划表

工序	内　容	工量辅具
1		
2		
3		
4		
5		
6		
7		
8		
9		

微组织 12：教师检查纠错，学生改正错误。微评价：☆☆☆☆☆

2．操作完成后，对车辆进行路试，验证故障现象是否消失，故障是否排除。

微组织 13：教师检查纠错，学生改正错误。微评价：☆☆☆☆☆

3．查阅教材及维修手册，掌握并复述制动液充放机的相关知识，根据表 2-3-10 中的图片在空格处默写出制动液充放机加注制动液及排气步骤。

表 2-3-10　制动液充放机加注制动液及排气工作计划表

序号	步　骤	图　片
1		制动系统安全养护机 CW7106
2		1

续表

序号	步　骤	图　片
3		
4		
5		

微组织 14：教师检查纠错，学生改正错误。微评价：☆☆☆☆☆

案例

案例一：一辆猎豹 CJY6421D 型汽车，在正常行驶过程中踩下制动踏板时，感到踏板过硬且制动无力，当紧急制动时，车辆虽有“点头”现象，但路面无制动印痕，并且制动距离较长。

根据故障现象，停车检查车辆制动系统，真空助力器、制动主缸，制动轮缸、制动摩擦片、制动鼓、制动盘及制动管路等均无故障。在拔下真空助力器气管检查时，发现连接进气歧管上的气管真空吸力不大，拧下气管接头，发现气管接头内腔已堵塞。真空助力器气室前腔经真空单向阀与发动机进气管相通，使发动机工作时，真空单向阀被吸开，使气室左、右腔都产生一定的真空度，真空助力器发挥作用。当真空助力器气管接头堵塞时，真空助力器前腔的真空度减小，吸力也相应减小，所以真空助力器就无法正常工作，导致制动效果不良。

清除气管接头内部脏污，按要求装复试车，故障排除。

案例二：一辆 2016 款奔驰 GLC200 汽车，累计行驶里程约为 56 000 km。该车因事故进厂维修，事故修复后试车，发现在 D 挡时，怠速状态下车辆不会向前行驶，需要踩下加速踏板，车辆才能够向前行驶。将车辆举升，用手转动车轮，发现四个车轮均处于制动状态，需要使很大的力气才能转动。

使用故障诊断仪检测，车身稳定控制系统（ESP）中无相关故障码存储，读取 ESP 数据流，发现制动压力为 2.1 bar（1 bar=0.1 MPa），此时并没有踩下制动踏板，正常应约为 0 bar。松开 ESP 阀体总成至制动主缸的油管，泄压后再紧固，发现四个车轮均可以用手轻松转动了，且制动压力变为 0 bar，但是踩几次制动踏板后故障重现。松开制动踏板与真空助力器推杆的连接螺栓，使推杆处于自由状态，故障依旧。拆检制动主缸，未见异常。拆检真空助力器，发现真空助力器后壳体有凹陷，怀疑真空助力器损坏。使用游标卡尺的深度测量功能测量自由状态下真空助力器推杆头部到前壳体端面的距离，故障件的距离为 31.9 mm，正常件的距离为 33.6 mm，说明故障件的推杆位置在自由状态下相对于正常位置短了 1.7 mm，由此推断由于真空助力器后壳体发生变形，在松开制动踏板后，推杆在复位弹簧的作用下无法回到初始位置，从而使制动主缸内部的活塞无法完全归位，使制动管路无法释放压力，导致四个车轮处于制动状态。

更换真空助力器后试车，故障现象消失，故障排除。

任务四　维修电子驻车制动系统

步骤一：故障现象确认

1. 客户反映自己的 2018 款大众迈腾 B8L 汽车在一次车辆停车执行电子驻车制动时，仪表盘提示“电子驻车制动故障”。维修人员起动汽车后，仪表盘上的电子驻车制动灯点亮，电子驻车制动开关指示灯闪烁，左后轮驻车制动器未释放。

电子驻车制动故障，我们需要使用故障诊断仪读取故障码，以确定具体的故障部位或故障元件。

2. 结合上述故障现象确认，分析当汽车出现电子驻车制动系统故障时的可能原因有哪些，并填写在图 2-4-1 中的图框内。

图 2-4-1　故障原因分析

微组织 1：教师检查纠错，学生改正错误。微评价：☆☆☆☆☆

步骤二：作业准备

请认真列出作业准备项目和内容，对照“维修电子驻车制动系统作业准备情况检查表”核准检查项目内容，见表 2-4-1。若已准备好，请在方框内画上“√”;若有遗漏，请补充后画上“√”。

表 2-4-1　维修电子驻车制动系统作业准备情况检查表

项　目	内　容
作业场地	选择带有消防设施的作业场地□
设备设施	举升机□　故障诊断仪□
工量辅具	常用工具套件□　翼子板布□　万用表□　跨接线□　拔线钳□
耗材	手套□　抹布□　防护三件套□　熔丝□　线束□

微组织 2：教师检查纠错，学生改正错误。微评价：☆☆☆☆☆

步骤三：故障诊断维修

1. 查阅教材，掌握并复述电子驻车制动系统的相关知识，结合图 2-4-2 在右侧空白表格中默写电子驻车制动系统各组成零件的名称。

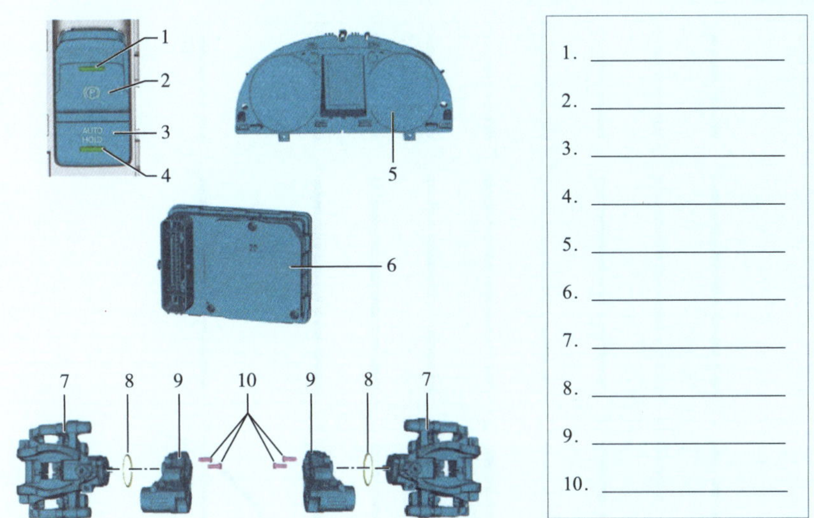

图 2-4-2　电子驻车制动系统组成图

微组织 3：教师检查纠错，学生改正错误。微评价：☆☆☆☆☆

2. 查阅维修手册，掌握并复述电子驻车制动系统的相关知识，在表 2-4-2 的空格中默写出电子驻车制动系统各零件的安装位置。

表 2-4-2　电子驻车制动系统各零件安装位置

部件名称	安装位置
电控机械式驻车制动器指示灯 K213	
电子机械式驻车制动器按钮 E538	
AUTO HOLD 按钮 E540	
AUTO HOLD 指示灯 K237	
电控机械式驻车制动器控制单元 J540	
后部制动钳	
驻车电动机	
密封环	

微组织 4：教师检查纠错，学生改正错误。微评价：☆☆☆☆☆

3．查阅电路图，掌握并复述电子驻车制动系统电路的相关知识，结合图 2-4-3 在右侧空白表格中默写电子驻车制动系统的控制原理。

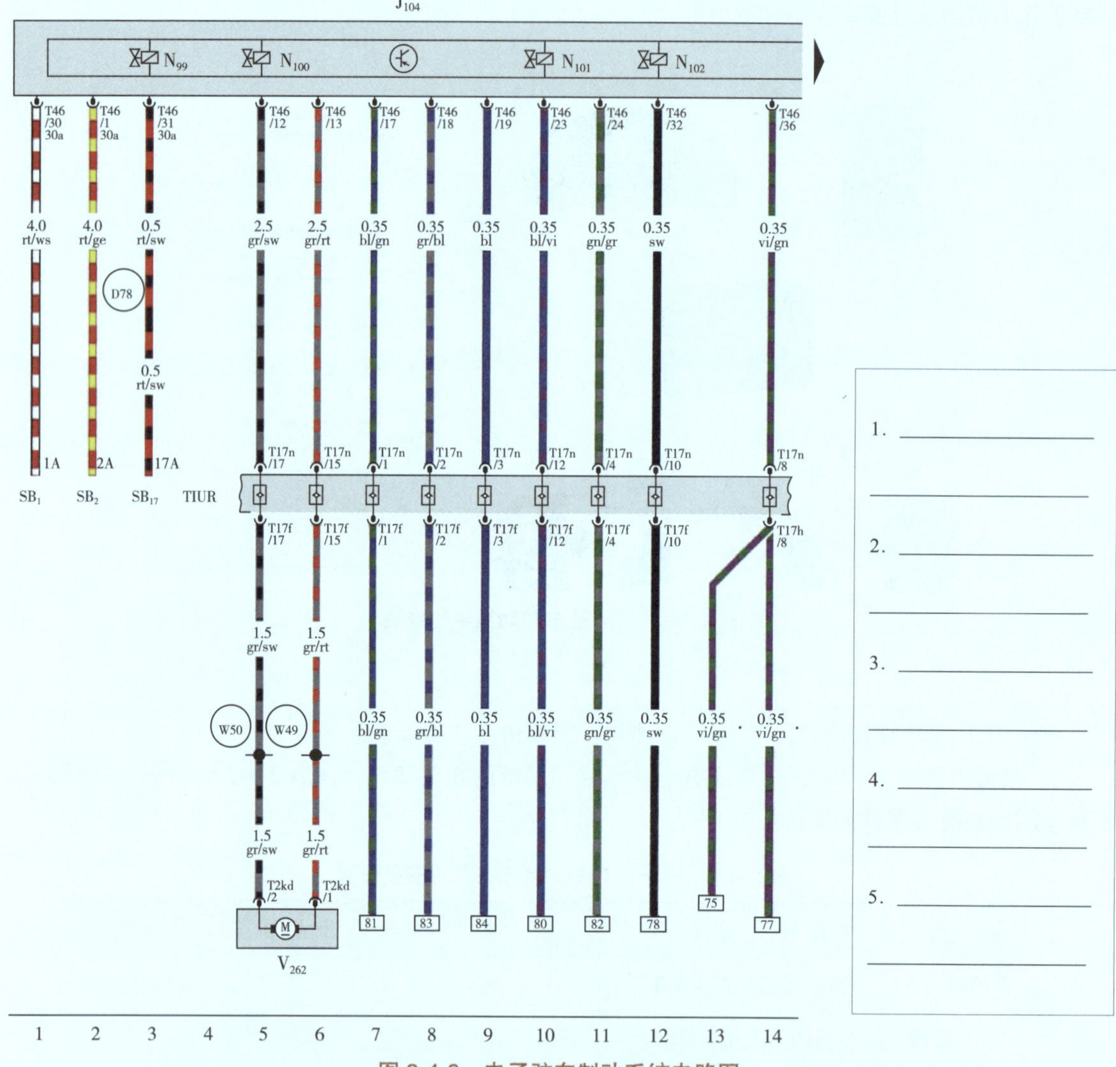

图 2-4-3　电子驻车制动系统电路图

微组织 5：教师检查纠错，学生改正错误。微评价：☆☆☆☆☆

4．结合教师示范操作、相关实操视频及下表中图片，完成电子驻车制动系统故障诊断维修计划，见表 2-4-3。

表 2-4-3　电子驻车制动系统故障诊断维修工作计划表

流程	步　骤
读取故障码	1. 将点火开关置于 ON 挡，连接 VAS5052A 故障诊断仪并启动
	2. 进入 ODIS 诊断系统，正确选择车辆信息
	3. 诊断仪开始对车辆进行诊断

续表

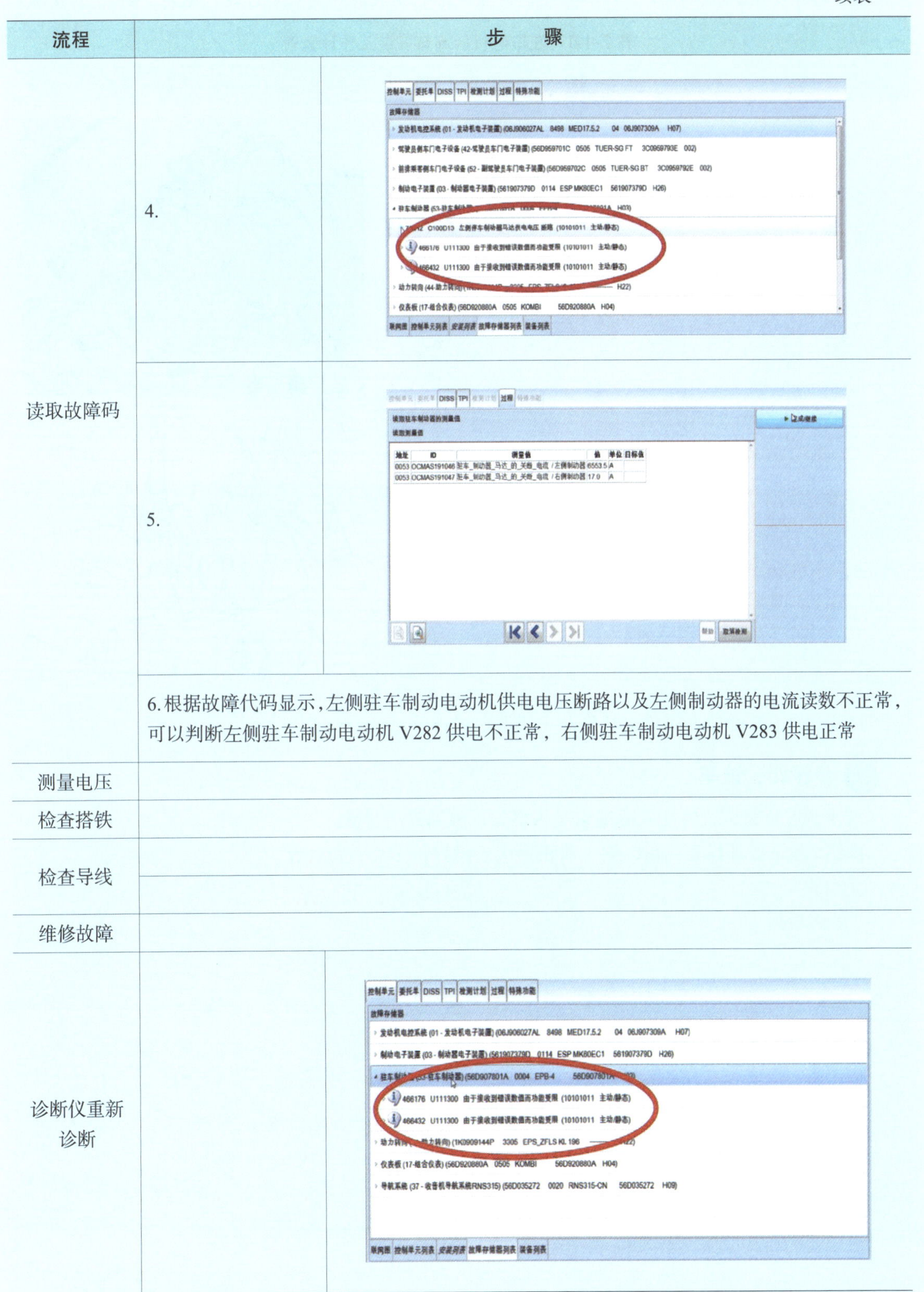

流程	步骤	
读取故障码	4.	
	5.	
	6. 根据故障代码显示，左侧驻车制动电动机供电电压断路以及左侧制动器的电流读数不正常，可以判断左侧驻车制动电动机 V282 供电不正常，右侧驻车制动电动机 V283 供电正常	
测量电压		
检查搭铁		
检查导线		
维修故障		
诊断仪重新诊断		

微组织 6：教师检查纠错，学生改正错误。微评价：☆☆☆☆☆

5. 结合教师示范操作及下表中图片，制订驻车电动机拆卸与安装计划，见表 2-4-4，并实施。

表 2-4-4　驻车电机拆卸与安装工作计划表

计划	步　骤	图　片
拆卸活动		1
安装活动		A

微组织 7：教师检查纠错，学生改正错误。微评价：☆☆☆☆☆

步骤四：试车

对车辆进行路试，验证故障现象是否消失，故障是否排除。

微组织 8：教师检查纠错，学生改正错误。微评价：☆☆☆☆☆

案例

案例一：一辆路虎“发现 4”汽车，行驶里程 78 157 km，车辆钥匙打开或车辆启动后仪表提示 BRAK，黄灯点亮，胎压灯点亮。客户反映在外补过轮胎后故障灯就亮了。为了验证该故障，把车辆停在坡道上，启动车辆，拉起手制动，红色驻车制动灯点亮后，挂空挡车辆能平稳停车，松开手制动后，红色驻车制动灯熄灭，车辆向下溜车，也就说明该车除仪表故障灯点亮外驻车制动功能是正常的。读取仪表信息，提示为检查所有胎压和驻车制动故障，重新标定轮胎气压后胎压指示灯熄灭，只有制动灯依然点亮。连接故障诊断仪，读取故障码为 PBN.C1A55，驻车制动电源错误故障，且无法删除。分析其故障原因有以下几点：①驻车制动器控制单元无电源或接地线短路；②驻车制动器控制单元损坏；③其他电器元件损坏造成的干预。

根据由简到繁的原则，首先检查制动灯，发现左侧制动灯亮度比右侧偏暗，更换灯泡后故障依旧，然后检查该控制单元的供电熔丝并未熔断，用万用表测量该控制单元两个熔丝两段都有 12 V、24 V 电压。断开驻车器控制单元的插头进行测量，发现 22 号针脚电源电压为 9 V 左右，正常应该在打开钥匙后有 12 V 以上电压输入，其他线路正常。排查发现在车身连接处插头进水，有腐蚀。

处理该插头并重新进行防水处理。清除故障码，故障排除。

案例二：一辆 2017 款宝马 520Li 汽车，行驶里程为 82 380 km，仪表盘上提示右后驻车制动电机导线故障。汽车进店做过保前检查，ISTA 检测提示有故障代码“0x4805B9——右侧执行器线路故障”，频率为 3 次，且故障代码当前存在，无法删除。

多次尝试驻车制动功能，直接操作手刹开关，观察右后轮驻车制动电机（EMF）可以正常动作，同时 CID（组合仪表）不存在报警提示，手刹功能正常。查看驻车制动控制单元相关电路，结合故障代码初步分析认为可能的故障原因有：右侧 EMF 线路故障、右侧 EMF 内部故障、EMF 控制单元故障。使用万用表蜂鸣挡分别测量 EMF 到右侧电动机三根导线，导线均可导通，并且导线之间互不短接。怀疑线路存在电压降，操作驻车制动开关时，在左右两侧执行器处测量电压为 13.8 V 左右。并与其他同款车对比正常。测量 EMF 控制单元供电正常，检查搭铁点时，发现存在轻微锈蚀，处理搭铁点，故障依旧。和同款车型互换 EMIF 控制单元，重新进行 ISTA 测试，故障车辆依旧报故障码，而故障车辆的 EMF 控制单元在其他车上故障码可顺利删除，这说明 EMF 控制单元正常，可以排除。剩下的就是执行器，但是驻车制动功能正常，驻车制动执行元件故障的可能性较低，故障代码指示右侧执行器线路故障，怀疑线路存在虚接，于是根据电路图找到中间节点插头 X415*1B，将互换左右电动机的三根控制导线，晃动线束重新测量。发现故障转移，提示左侧执行器故障。说明故障原因还是在控制导线上。

更换该插头到右侧执行电动机之间的导线，故障代码顺利删除，故障排除。

任务五　维修防抱死制动系统

步骤一：故障现象确认

1. 客户反映自己的 2018 款大众迈腾 B8L 汽车在行驶过程中，仪表盘上的 ABS 故障指示灯点亮。维修人员检查制动液储液壶液位正常，启动汽车后，仪表盘上的 ABS 故障指示灯点亮，路试时，在制动过程中，感觉方向不稳，制动稳定性能降低，制动效能下降。

如果 ABS 电控单元供电或搭铁故障、自身损坏、检测不到轮速传感器信号等，这时 ABS 故障指示灯会常亮，ABS 功能将会停止，只有常规制动。我们需要使用故障诊断仪读取故障码，以确定具体的故障部位或故障元件。

2. 结合上述故障现象确认，分析当汽车出现防抱死制动系统故障时的可能原因有哪些，并填写在图 2-5-1 中的图框内。

图 2-5-1　故障原因分析

微组织 1：教师检查纠错，学生改正错误。微评价：☆☆☆☆☆

步骤二：作业准备

请认真列出作业准备项目和内容，对照“维修防抱死制动系统作业准备情况检查表”核准检查项目内容，见表 2-5-1。若已准备好，请在方框内画上“√”；若有遗漏，请补充后画上“√”。

表 2-5-1　维修防抱死制动系统作业准备情况检查表

项　目	内　容
作业场地	选择带有消防设施的作业场地□
设备设施	举升机□　故障诊断仪□
工量辅具	常用工具套件□　翼子板布□　万用表□　跨接线□　拔线钳□
耗材	手套□　抹布□　防护三件套□　轮速传感器□　线束□　ABS 总成□

微组织 2：教师检查纠错，学生改正错误。微评价：☆☆☆☆☆

步骤三：故障诊断维修

1. 查阅教材，掌握并复述 ABS/ESP 的相关知识，结合图 2-5-2 在右侧空白表格中默写 ABS/ESP 系统各组成零件的名称。

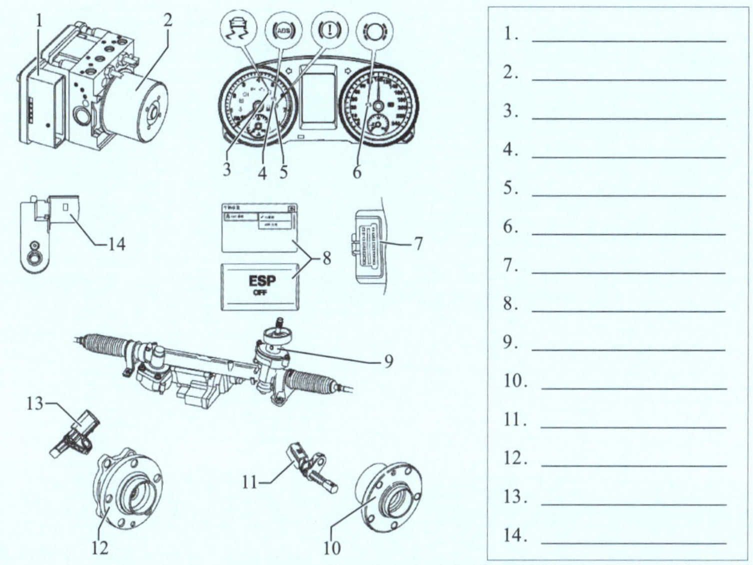

图 2-5-2　ABS/ESP 系统组成图

微组织 3：教师检查纠错，学生改正错误。微评价：☆☆☆☆☆

2. 查阅电路图，掌握并复述防抱死制动系统电路的相关知识，结合图 2-5-3 在右侧空白表格中默写防抱死制动系统的控制原理。

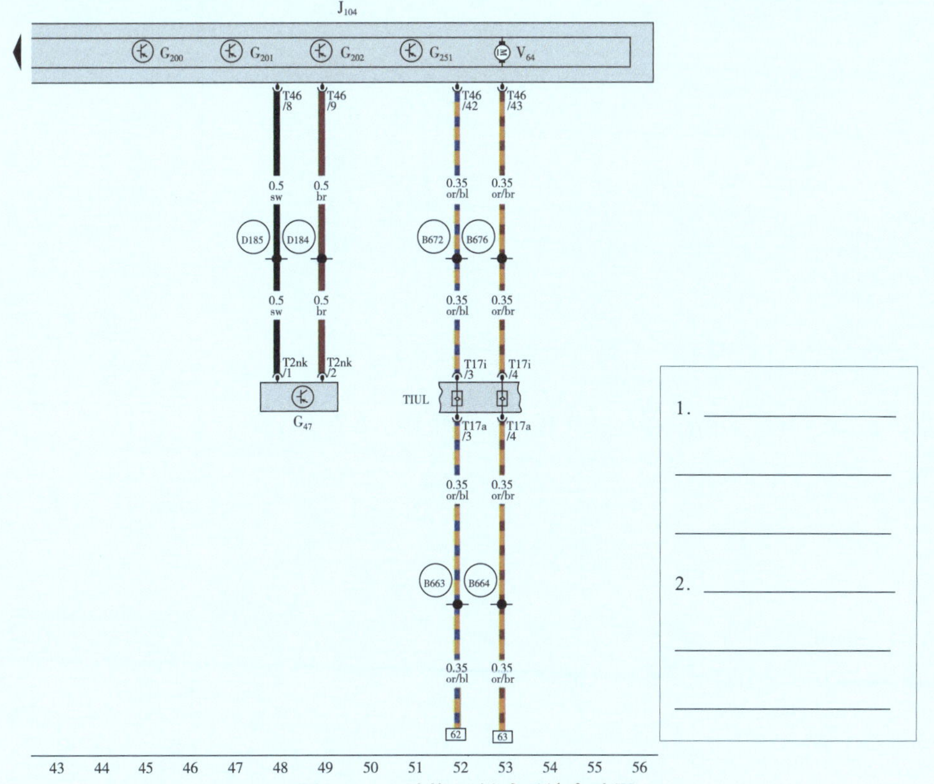

图 2-5-3　防抱死制动系统电路图

微组织 4：教师检查纠错，学生改正错误。微评价：☆☆☆☆☆

3．查阅维修手册，掌握并复述轮速传感器的相关知识，在表 2-5-2 的空格中默写出轮速传感器线路检查方法。

表 2-5-2　轮速传感器线路检查方法

状　态	检查步骤
无信号输出时	
有信号输出时	

微组织 5：教师检查纠错，学生改正错误。微评价：☆☆☆☆☆

4．查阅维修手册，掌握并复述轮速传感器的相关知识，在表 2-5-3 的空格中默写出轮速传感器的更换方法。

表 2-5-3　轮速传感器更换方法

序　号	更换步骤
1	
2	
3	
4	
5	
6	
7	

微组织 6：教师检查纠错，学生改正错误。微评价：☆☆☆☆☆

5．结合教师示范操作、相关实操视频及下表中图片，完成防抱死制动系统故障诊断维修计划，见表 2-5-4。

表 2-5-4　防抱死制动系统故障诊断维修工作计划表

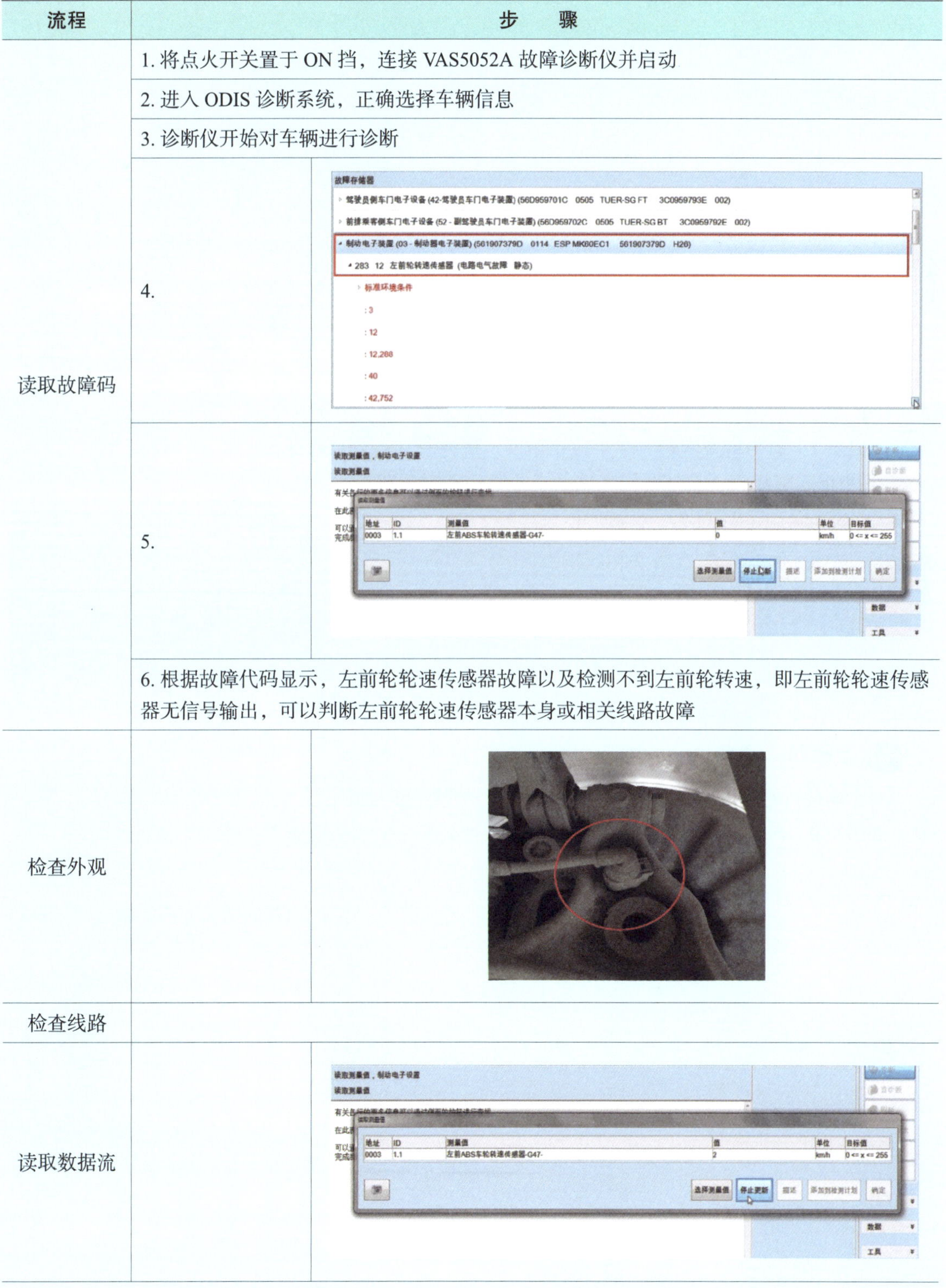

流程	步　骤
读取故障码	1. 将点火开关置于 ON 挡，连接 VAS5052A 故障诊断仪并启动
	2. 进入 ODIS 诊断系统，正确选择车辆信息
	3. 诊断仪开始对车辆进行诊断
	4.
	5.
	6. 根据故障代码显示，左前轮轮速传感器故障以及检测不到左前轮转速，即左前轮轮速传感器无信号输出，可以判断左前轮轮速传感器本身或相关线路故障
检查外观	
检查线路	
读取数据流	

续表

流程	步　骤
试车	
读取故障码	
检查电磁阀	
更换电磁阀	
诊断仪重新诊断	

微组织 7：教师检查纠错，学生改正错误。微评价：☆☆☆☆☆

6. 根据实际操作，总结防抱死制动系统维修原则，填写在空格内。

微组织 8：教师检查纠错，学生改正错误。微评价：☆☆☆☆☆

步骤四：试车

对车辆进行路试，验证故障现象是否消失，故障是否排除。

微组织 9：教师检查纠错，学生改正错误。微评价：☆☆☆☆☆

案例

案例一：一辆 2017 款大众蔚领汽车行驶过程中偶发 ABS 故障灯报警。接车后试车，查看仪表确实存在 ABS 故障灯常亮故障，使用故障诊断仪（ODIS）检测故障代码，发现有故障代码“VAG00827 右后轮转速传感器电路电气故障”，且有 15 次故障计数。根据故障提示，推测右后轮轮速传感器及其相关线路故障，检查传感器及靶轮，发现传感器和靶轮无脏污，检查传感器与靶轮之间间隙，正常。检查右后轮传感器插头针脚安装正常，根据电路图，测量端子 1 电压约为 2.4 V，正常。推测右后轮传感器故障，更换后交车建议车主继续使用。2 个月后，车主再次反映仪表 ABS 故障灯报警，接车后检测故障代码与之前相同，检测端子信号电压依然正常，于是将试驾车的 ABS 控制单元和右后轮轴承更换至故障车上试车，一周后故障现象再次出现。

推测右后轮传感器与 ABS 控制单元之间的线路存在虚接，查看线路布置，拆卸内饰板从后往前检查线束，当检查到鼓风机位置时，晃动线束，故障出现，测量 ABS 控制单元 T47/42 端子电压为 0 V，正常电压约为 2.4 V，怀疑此处线束存在虚接故障。

包扎线束后装复试车，故障现象消失，2 周后回访车主，车主表示故障不再出现，故障排除。

案例二：一辆累计行驶里程约为 27 000 km 的 2017 款本田飞度汽车，车主反映该车出现 ABS 故障灯常亮且紧急制动时车轮打滑的故障现象。接车后首先试车，确认故障现象属实。连接故障诊断仪读取 ABS 系统的故障代码，读取到的故障代码为“13-11 左前轮转速传感器电路故障”。举升车辆，检查左前轮转速传感器的安装情况，未发现异物，安装正常。查阅 ABS 相关电路图。根据故障现象、故障代码及相关电路进行分析，导致该故障的可能原因有：左前轮转速传感器故障、ABS 控制单元故障、相关线路故障等。

断开左前轮转速传感器连接器及 ABS 控制单元连接器，对相关线路进行测量，根据测量值，可以发现左前轮转速传感器与 ABS 控制单元间相关线路均正常，然后对左前轮转速传感器进行换件试验，更换上全新的左前轮转速传感器后进行试车，发现故障依旧。将 ABS 控制单元的连接器重新断开，仔细检查连接器上的插接孔，发现端子 12 的插接孔与其他端子在颜色上略有不同，疑似插接孔氧化。初步怀疑故障是由于该端子氧化后导致接触不良所造成，对该端子进行处理后试车，故障现象消失，但当车辆行驶到一段颠簸路面时，此时 ABS 故障灯再次被点亮。ABS 系统不起作用。再次读取故障代码，故障代码依旧为左前轮转速传感器电路故障，为了再次验证端子 12 插接孔是否存在接触不良，将几根细铜丝插入到 12 插接孔中，然后再次试车，车辆在平整路面及颠簸路面行驶一段时间后，故障现象均未再现。

更换 ABS 控制单元连接器，试车正常后将车辆交付客户，一个星期后进行电话回访，客户反映车辆一切正常，故障排除。

笔记栏

项目三　维修汽车转向系统

项目任务单

项目描述	完成对汽车转向系统的故障诊断与维修
项目要求	符合2018款大众迈腾B8L汽车技术要求与标准，正确使用工量具，完成如下作业： 1. 维修转向器； 2. 维修助力转向控制单元； 3. 维修转向柱； 4. 维修电子转向柱锁控制单元
学习目标	1. 准确陈述转向器、助力转向控制单元故障诊断方法； 2. 准确陈述转向柱、电子转向柱锁控制单元故障诊断方法； 3. 规范地对转向器、助力转向控制单元故障进行维修； 4. 规范地对转向柱、电子转向柱锁控制单元故障进行维修； 5. 养成自觉遵守技术标准、操作规范、“5S”作业标准的好习惯； 6. 养成归纳总结的工作习惯； 7. 建立汽车维修循迹思维模式
项目载体	2018款大众迈腾B8L汽车转向系统 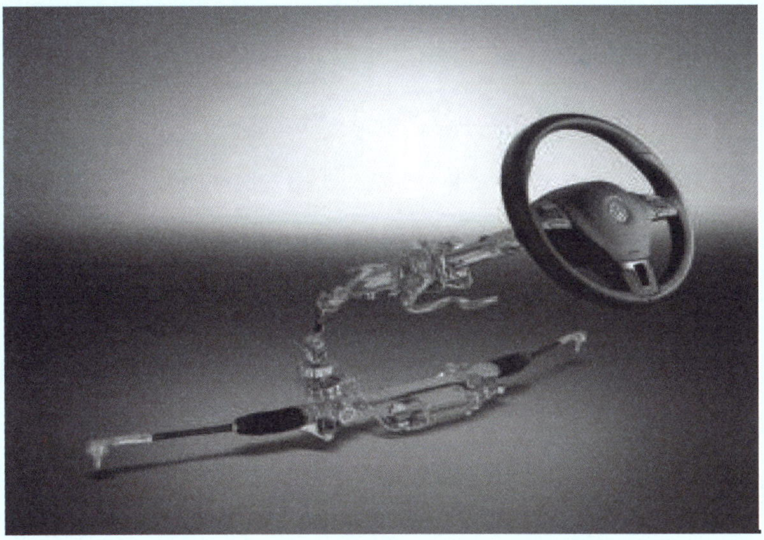
计划学时	24学时

工作页	上课地点		学生姓名		完成 / 未完成
	任课教师		上课时间		优 / 良 / 中 / 及格

项目导入

一、想一想

2018 款大众迈腾 B8L 汽车在低速行驶时打转向盘底盘有异响；在行驶过程中，仪表盘上的转向系统故障指示灯点亮，转向时转向盘沉，无助力；不管是在原地还是在行驶时打转向盘时，底盘会发出“咯噔咯噔”响声，转向盘游动间隙变大；仪表黑屏，电子转向柱锁无法解锁。

请尝试分析一下，哪些部件发生故障可能会导致上述故障现象的出现，并用铅笔认真地写在下面方格内。

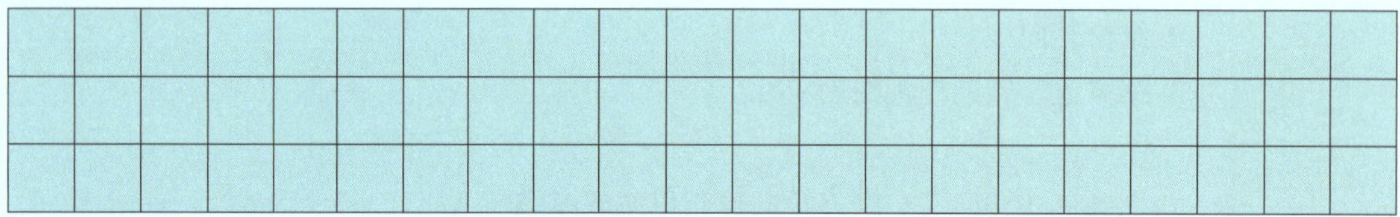

微组织 1：教师检查纠错，学生改正错误。微评价：☆☆☆☆☆

二、写一写

通过前导课程汽车底盘构造与拆装的学习，请默写出汽车底盘转向系统的组成部分以及每部分包含的主要零部件。

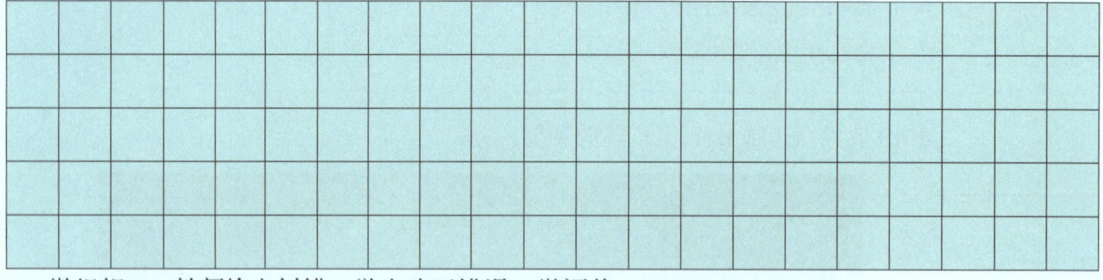

微组织 2：教师检查纠错，学生改正错误。微评价：☆☆☆☆☆

三、查一查

请大声说出安全与防护要求，做好防护准备，同时进行自检和互检。若已完成，请在方框内画上“√”。

- □ 工作服穿戴“四紧”，穿工鞋，戴工帽；
- □ 严禁佩戴手表等金属首饰；
- □ 严禁摆弄与本次任务无关的设备和工具；
- □ 严禁嬉戏打闹。

微组织 3：教师检查纠错，学生改正错误。微评价：☆☆☆☆☆

项目实施

任务一　维修转向器

步骤一：故障现象确认

1. 客户反映自己的 2018 款大众迈腾 B8L 汽车在低速行驶时打转向盘，底盘有异响，与客户一同试车，发现打转向盘时底盘会发出“滋滋”响声。

将此车开到举升机上进行检测判断，发现此时声音是从转向器部位发出的，于是重新紧固底盘螺栓，但未发现有松动，并且响声还存在，用手触摸转向器助力电机部位，能感觉有明显的震动感，此时怀疑声音应该是从转向器助力电机里发出的，而迈腾 B8L 汽车的转向器、助力电机及控制单元为一体式，所以需要对转向器整体进行更换。更换前需要使用诊断仪读取转向器助力电机控制单元编码，并记录。

2. 结合上述故障现象确认，分析当汽车的转向助力电机发生故障时会有哪些故障现象出现，并填写图 3-1-1 中的空格。

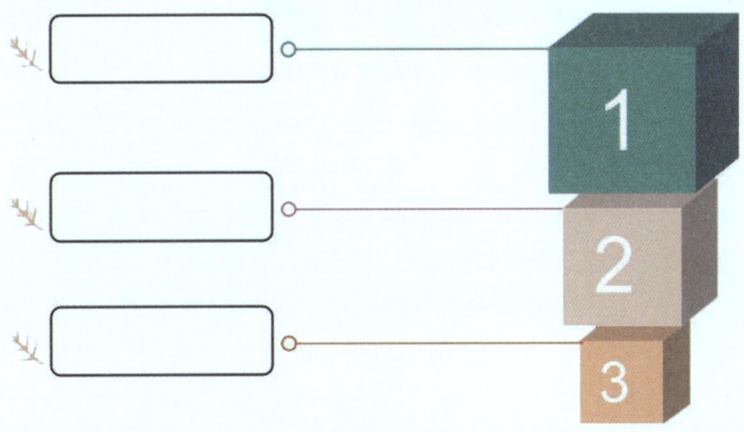

图 3-1-1　故障现象确认图

微组织 1：教师检查纠错，学生改正错误。微评价：☆☆☆☆☆

步骤二：作业准备

请认真列出作业准备项目和内容，对照“维修转向器作业准备情况检查表”核准检查项目内容，见表 3-1-1。若已准备好，请在方框内画上“√”；若有遗漏，请补充后画上“√”。

表 3-1-1　维修转向器作业准备情况检查表

项　目	内　容
作业场地	选择带有消防设施的作业场地□
设备设施	举升机□　发动机和变速箱举升平台□　故障诊断仪□
工量辅具	常用工具套件□　车轮扳手□　扭力扳手□　翼子板布□　球形万向节压出器□
耗材	手套□　抹布□　防护三件套□　转向器总成□

微组织 2：教师检查纠错，学生改正错误。微评价：☆☆☆☆☆

步骤三：拆卸转向器

1. 查阅教材，掌握并复述转向器的相关知识，结合图 3-1-2 在右侧空白表格中默写转向器各装配零件的名称。

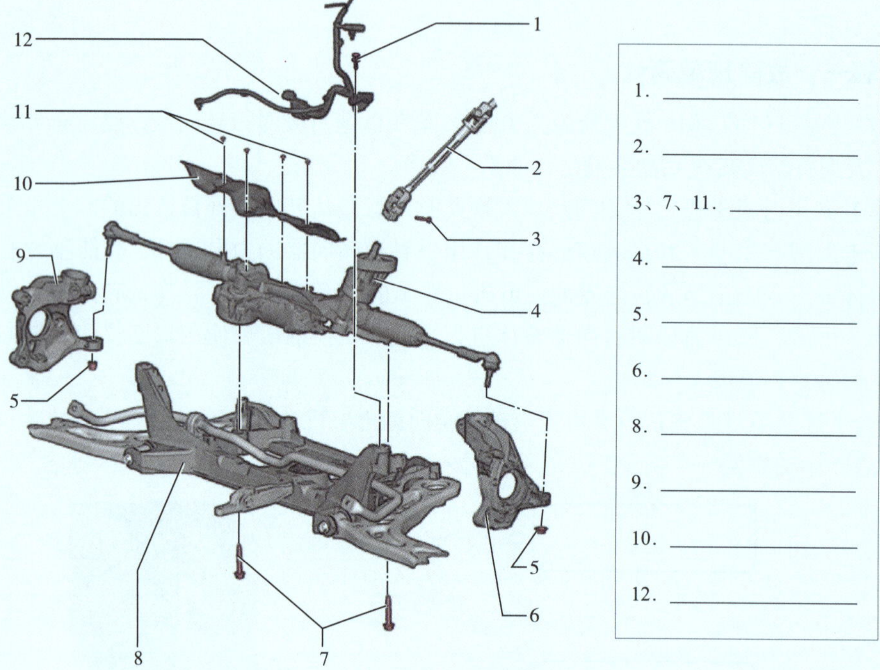

图 3-1-2 转向器装配图

微组织 3：教师检查纠错，学生改正错误。微评价：☆☆☆☆☆

2. 查阅教材，掌握并复述转向器的相关知识，结合图 3-1-3 在右侧空白表格中默写转向器各组成零件的名称。

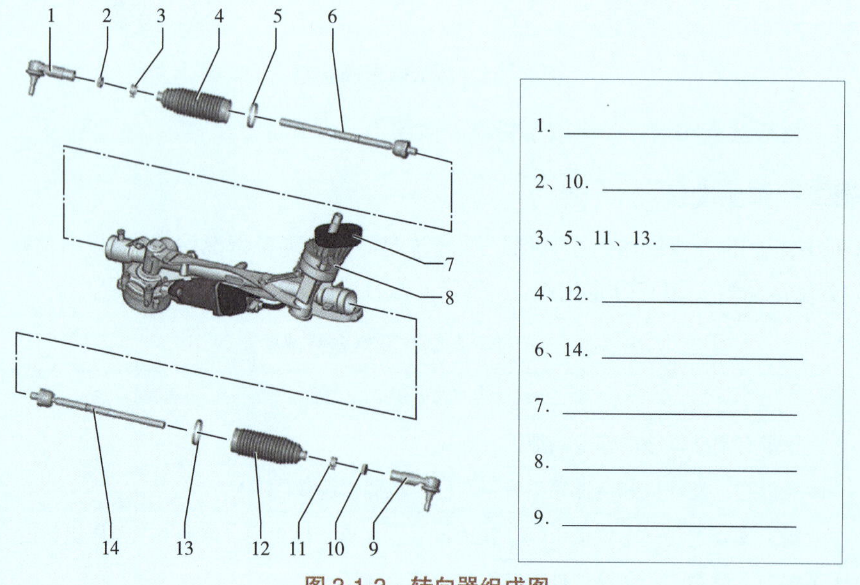

图 3-1-3 转向器组成图

微组织 4：教师检查纠错，学生改正错误。微评价：☆☆☆☆☆

3．结合教师示范操作、相关实操视频及维修手册，制定转向器拆卸计划，见表 3-1-2。

表 3-1-2　拆卸转向器工作计划表

工序	内　　容	工具 / 辅具
1		
2		
3		
4		
5		
6		
7		
8		
9		
10		
11		
12		
13		
14		
15		
16		
17		

微组织 5：教师检查纠错，学生改正错误。微评价：☆☆☆☆☆

4．查阅维修手册，结合下表中图片，归纳转向器的拆卸原则，见表 3-1-3。

表 3-1-3　转向器拆卸原则

工序	内　　容	图　　片
1		
2		1

微组织 6：教师检查纠错，学生改正错误。微评价：☆☆☆☆☆

5．结合教师示范操作、相关实操视频及下表中图片，完成转向横拉杆拆卸计划，见表 3-1-4。

表 3-1-4　转向横拉杆拆卸工作计划表

序号	步　　骤	
1	将转向盘旋转到正前打直位置，拆卸蓄电池支架，脱开车轮螺栓，升高汽车，拆下车轮，清洁橡胶防尘套区域内的转向器外部	
2	从车轮轴承罩中压出横拉杆球头并拧下螺母，打开卡箍并向后推橡胶防尘套	
3		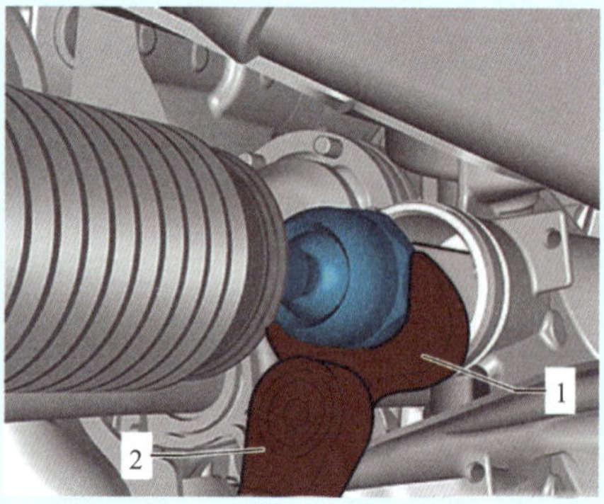 1 2
4		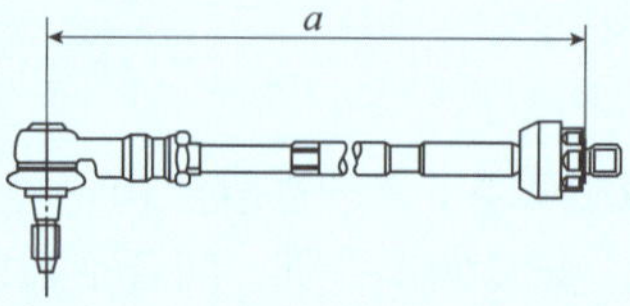 a
5	拧紧转向横拉杆	
6	用润滑脂润滑橡胶防尘套的密封表面	
7	分别将橡胶防尘套推到转向横拉杆上和转向器壳体的限位位置	
8	用卡箍钳夹紧新卡箍	
9	装上车轮并拧紧，进行四轮定位	
10	对角度传感器和转向系进行基本设置	

微组织 7：教师检查纠错，学生改正错误。微评价：☆☆☆☆☆

6．结合教师示范操作、相关实操视频及下表中图片，完成橡胶防尘套拆装计划，见表 3-1-5。

表 3-1-5　橡胶防尘套拆装工作计划表

序号	步　　骤
1	将转向盘旋转到正前打直位置，脱开车轮螺栓，升高汽车，拆下车轮
2	标记转向横拉杆上螺母的位置，拆卸转向横拉杆头，拆卸蓄电池支架，清洁橡胶防尘套区域内的转向器外部
3	打开卡箍，从转向器壳体和转向横拉杆上脱开橡胶防尘套
4	将新的卡箍和橡胶防尘套安装在转向横拉杆上

续表

序号	步　　骤	
5		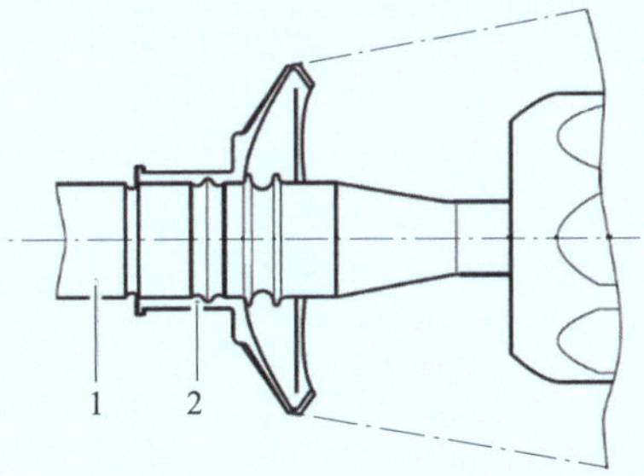
6		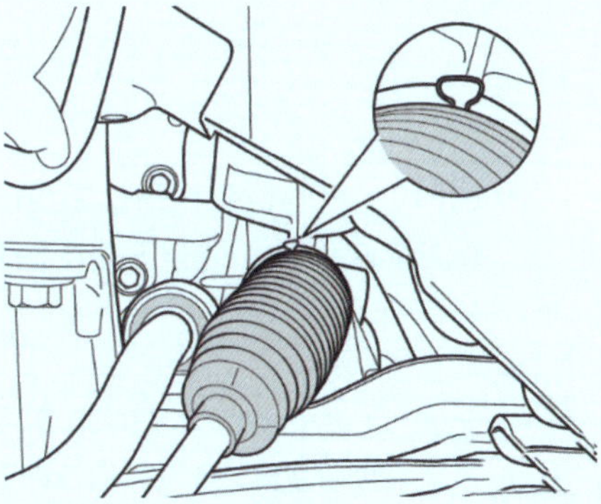
7	将转向横拉杆头拧至拆卸时设定的标记并进行安装，安装车轮并拧紧	

微组织 8：教师检查纠错，学生改正错误。微评价：☆☆☆☆☆

7. 根据橡胶防尘套的相关知识，归纳出如果橡胶防尘套损坏会对车辆造成哪些危害。

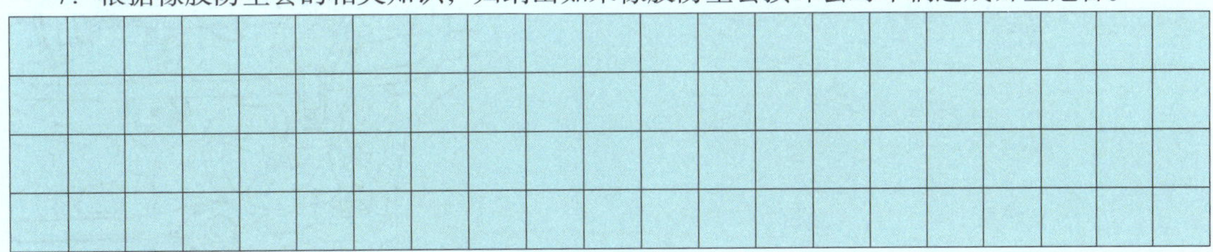

微组织 9：教师检查纠错，学生改正错误。微评价：☆☆☆☆☆

步骤四：更换转向器

1. 结合教师示范操作、相关实操视频及维修手册，制订转向器安装计划，见表 3-1-6。

表 3-1-6　安装转向器工作计划表

工序	内　　容	工量辅具
1		
2		
3		
4		
5		

续表

工序	内　容	工量辅具
6		
7		
8		
9		
10		
11		
12		
13		
14		
15		
16		
17		

微组织 10：教师检查纠错，学生改正错误。微评价：☆☆☆☆☆

2．查阅维修手册，结合下表中图片，归纳转向器的安装原则，见表 3-1-7。

表 3-1-7　转向器安装原则

工序	内　容	图　片
1	安装转向器前，先在转向器的密封件上涂抹润滑剂	
2	对所有螺栓按照标准力矩拧紧	
3		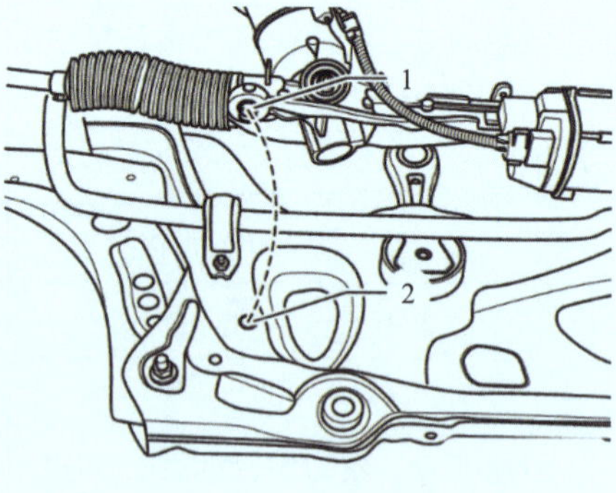 1 2
4		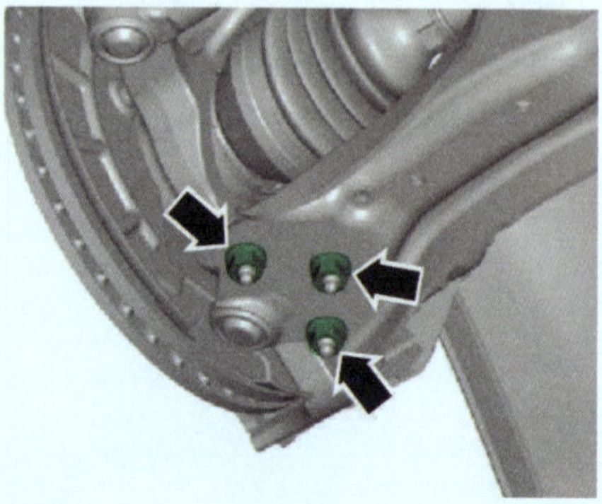

续表

工序	内　容	图　片
5	转向器安装到传动轴后，转向器的密封件应无弯折地紧贴在装配板上，并且正确封住脚部空间的开口，密封面应保持清洁	
6	如果安装了一个新的转向器，必须用故障诊断仪匹配电控机械式助力转向器	
7	如果试车时发现转向盘在用了固定销后仍倾斜，则需要进行四轮定位	

微组织 11：教师检查纠错，学生改正错误。微评价：☆☆☆☆☆

步骤五：匹配与基本设置

1. 结合教师讲解，使用故障诊断仪对助力转向控制单元进行匹配，并完成表 3-1-8。

表 3-1-8　匹配助力转向控制单元工作计划表

序号	步　骤	
1	使用诊断仪 VAS6150D，打开控制单元联网图，找到助力转向控制单元	
2		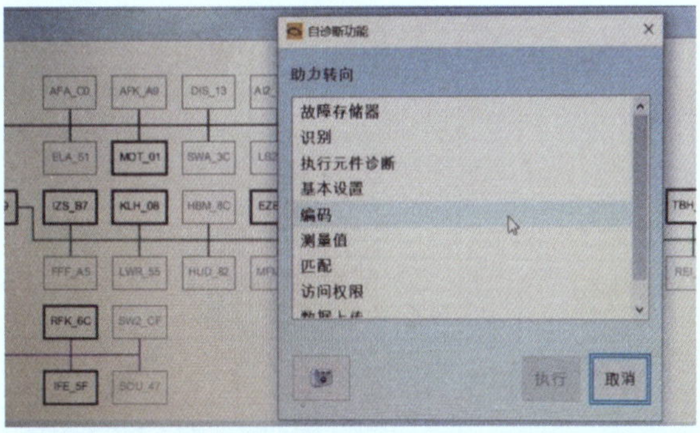
3		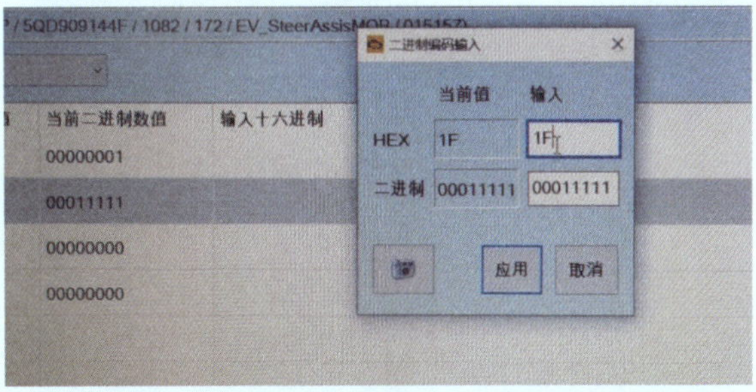
4		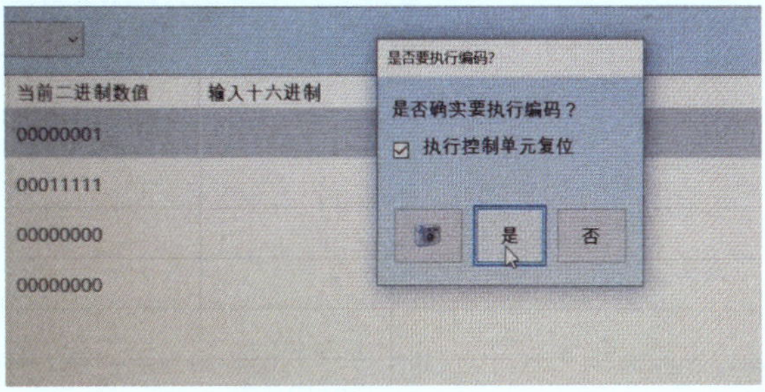
5	助力转向控制单元匹配完成	

微组织 12：教师检查纠错，学生改正错误。微评价：☆☆☆☆☆

2．查阅相关资料，归纳出何种情况下需要对汽车电器部件进行匹配。

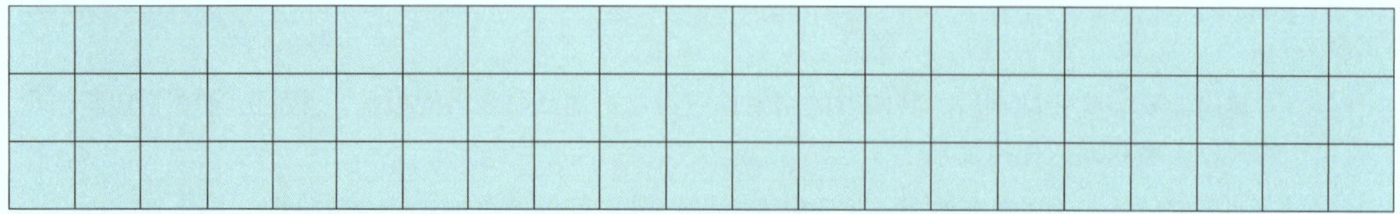

微组织 13：教师检查纠错，学生改正错误。微评价：☆☆☆☆☆

3．结合相关实操视频及下表中图片，完成角度传感器基本设置工作计划，见表 3-1-9。

表 3-1-9　角度传感器基本设置工作计划表

序号	步　骤	
1		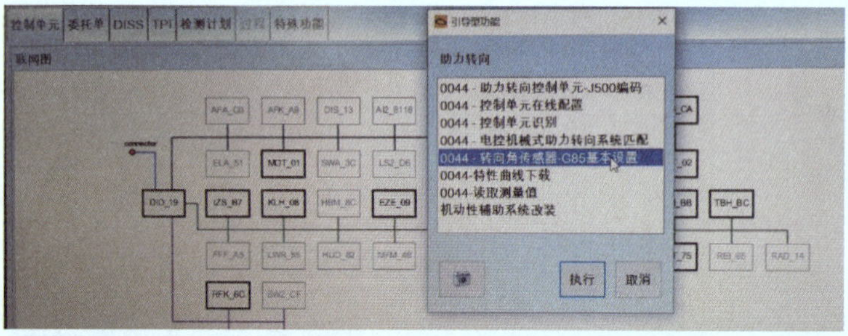 控制单元 委托单 DISS TPI 检测计划 过程 特殊功能 联网图 引导型功能 助力转向 0044 - 助力转向控制单元-J500编码 0044 - 控制单元在线配置 0044 - 控制单元识别 0044 - 电控机械式助力转向系统匹配 0044 - 转向角传感器-G85基本设置 0044-特性曲线下载 0044-读取测量值 机动性辅助系统改装 执行 取消
2		 控制单元 委托单 DISS TPI 检测计划 过程 特殊功能 G85 - 基本设置 分配 - 启动发动机。
3		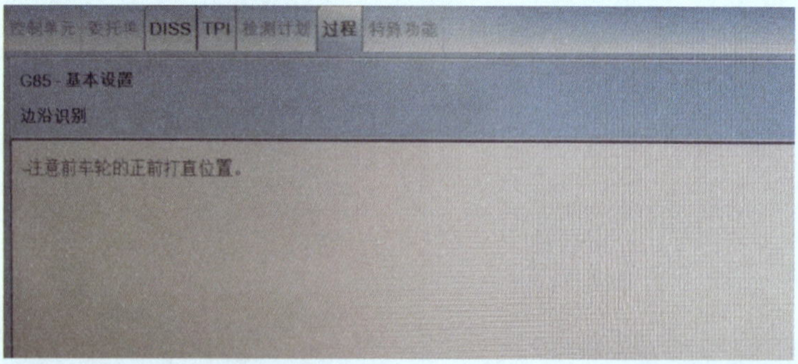 控制单元 委托单 DISS TPI 检测计划 过程 特殊功能 G85 - 基本设置 边沿识别 -注意前车轮的正前打直位置。
4		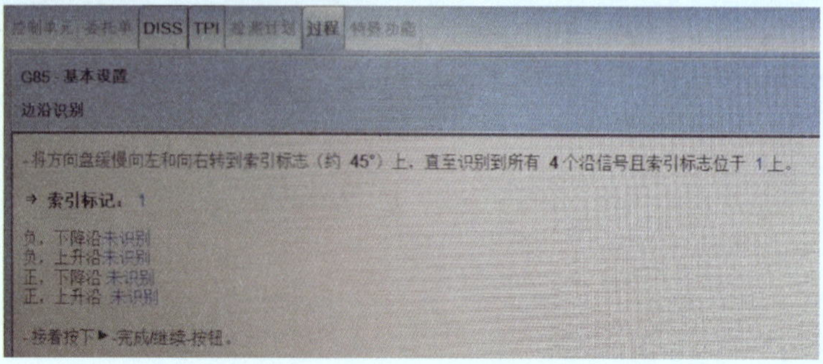 控制单元 委托单 DISS TPI 检测计划 过程 特殊功能 G85 - 基本设置 边沿识别 - 将方向盘缓慢向左和向右转到索引标志（约 45°）上，直至识别到所有 4 个沿信号且索引标志位于 1 上。 ➾ 索引标记：1 负，下降沿 未识别 负，上升沿 未识别 正，下降沿 未识别 正，上升沿 未识别 - 接着按下 ▶ 完成/继续 按钮。

续表

序号	步　　骤	
5		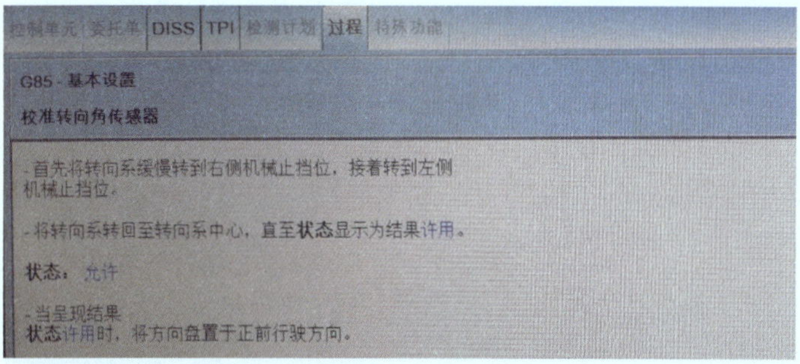 控制单元 委托单 DISS TPI 检测计划 过程 特殊功能 G85 - 基本设置 校准转向角传感器 - 首先将转向系缓慢转到右侧机械止挡位，接着转到左侧机械止挡位。 - 将转向系转回至转向系中心，直至状态显示为结果许用。 状态： 允许 - 当呈现结果 状态许用时，将方向盘置于正前行驶方向。
6		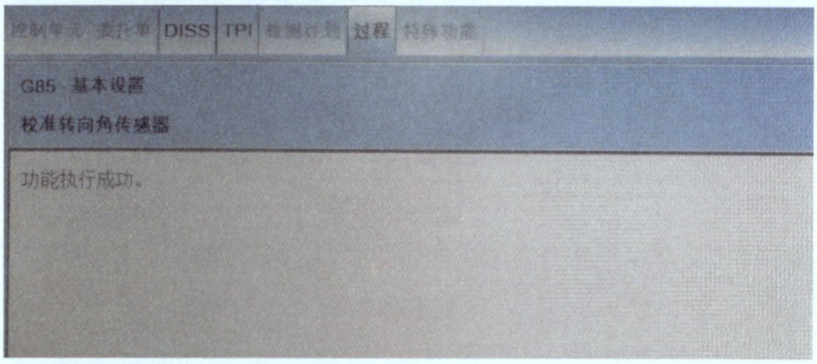 控制单元 委托单 DISS TPI 检测计划 过程 特殊功能 G85 - 基本设置 校准转向角传感器 功能执行成功。
7		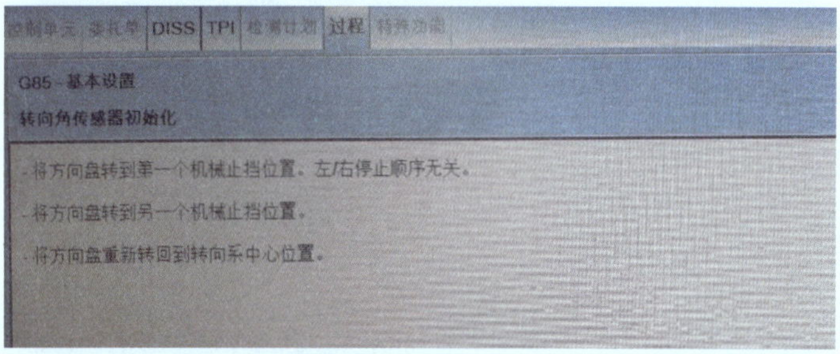 控制单元 委托单 DISS TPI 检测计划 过程 特殊功能 G85 - 基本设置 转向角传感器初始化 - 将方向盘转到第一个机械止挡位置。左/右停止顺序无关。 - 将方向盘转到另一个机械止挡位置。 - 将方向盘重新转回到转向系中心位置。
8		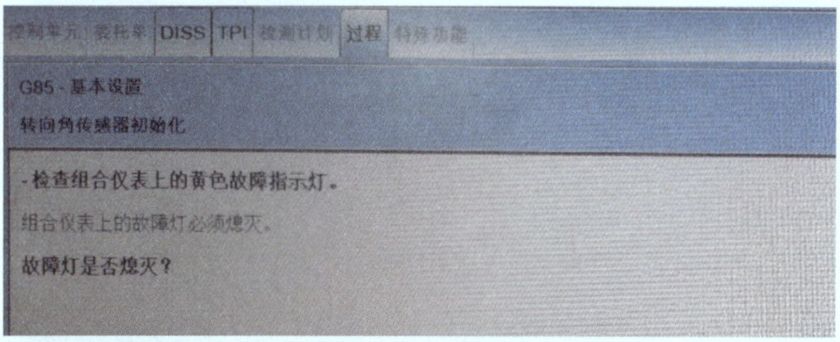 控制单元 委托单 DISS TPI 检测计划 过程 特殊功能 G85 - 基本设置 转向角传感器初始化 - 检查组合仪表上的黄色故障指示灯。 组合仪表上的故障灯必须熄灭。 故障灯是否熄灭？
9		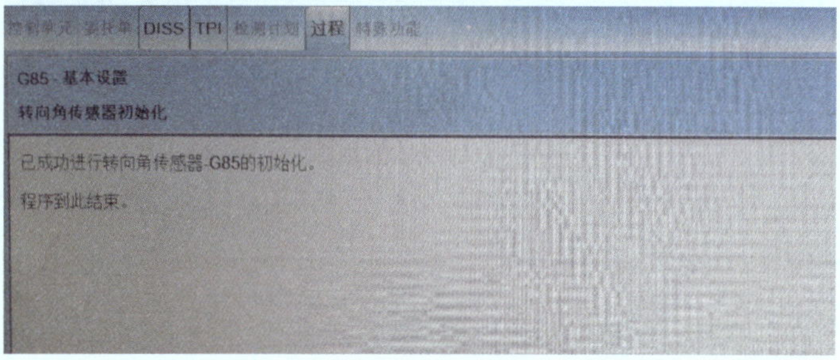 控制单元 委托单 DISS TPI 检测计划 过程 特殊功能 G85 - 基本设置 转向角传感器初始化 已成功进行转向角传感器-G85的初始化。 程序到此结束。

微组织 14：教师检查纠错，学生改正错误。微评价：☆☆☆☆☆

4. 查阅相关资料，归纳出何种情况下需要对角度传感器进行基本设置。

微组织 15：教师检查纠错，学生改正错误。微评价：☆☆☆☆☆

5. 根据故障诊断仪使用说明书，结合表中图片总结故障诊断仪网络布局图的使用方法，并完成表 3-1-10。

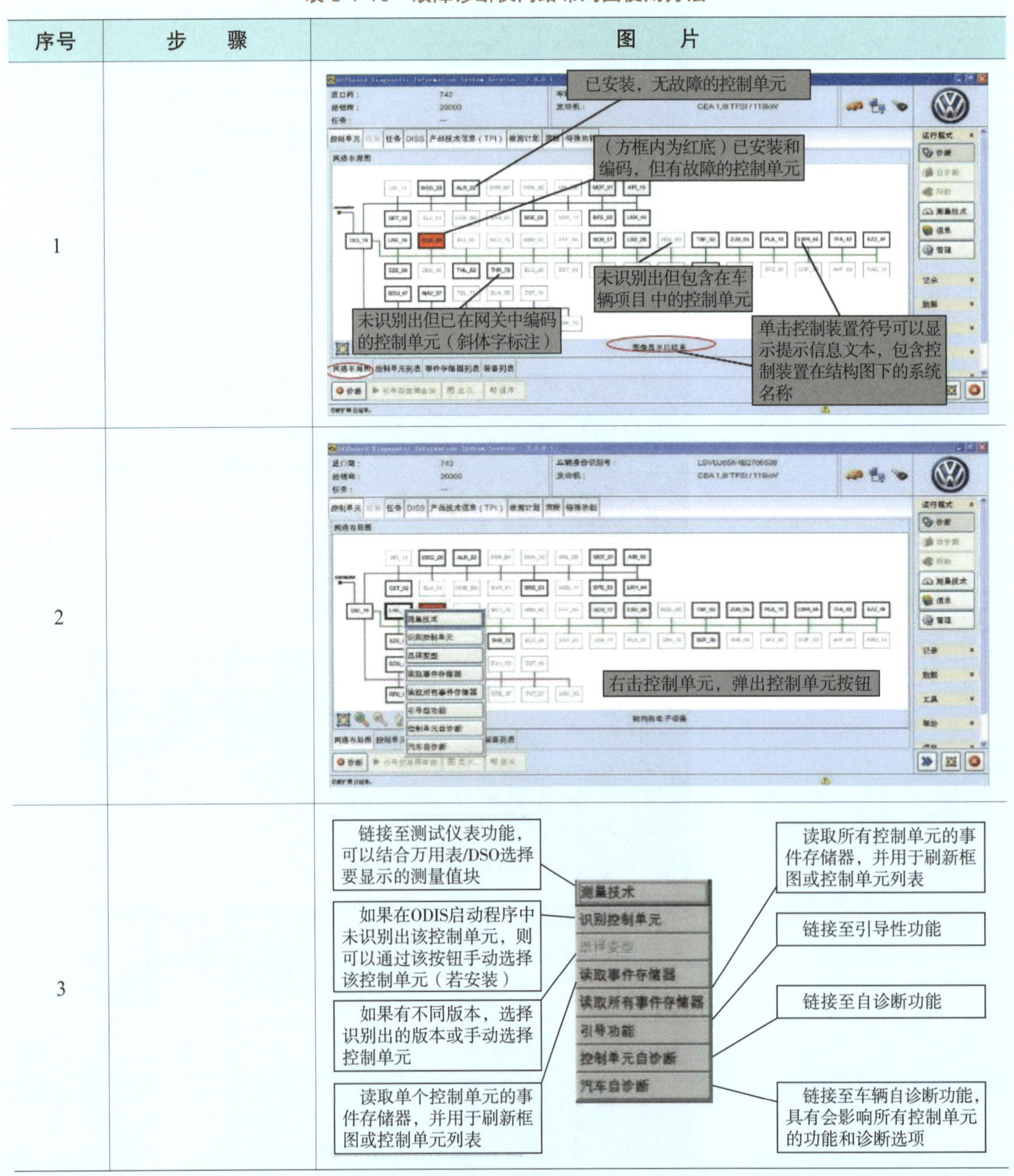

表 3-1-10　故障诊断仪网络布局图使用方法

序号	步　骤	图　片
1		
2		
3		

微组织 16：教师检查纠错，学生改正错误。微评价：☆☆☆☆☆

步骤六：试车

所有操作完成后，对车辆进行路试，验证故障现象是否消失，故障是否排除。

微组织 17：教师检查纠错，学生改正错误。微评价：☆☆☆☆☆

案例

案例一：一辆一汽 - 大众 6 代高尔夫汽车，行驶里程 80 000 km，用户反映车辆在行驶过程中严重向右跑偏。维修人员试车后确认故障现象与用户描述的一致。

使用四轮定位仪测量该车数据，但是通过定位仪数据可以发现，此车应该向左跑偏才对，而不是向右跑偏。将车辆数据调整到正常值进行试车故障依旧存在。进一步分析，导致跑偏的原因有以下几点：轮胎磨损不一致；轮胎气压不一致；转向角度传感器 G85 没有在零点位置。目测轮胎两侧磨损情况基本一致，测量轮胎气压也均在正常范围内。所以轮胎问题基本可以排除。转向盘在中间位置时，读取转向盘角度为 0°。那问题出在哪里？数据都没有问题，维修人员决定再进行一次试车，看看还有什么问题没有注意到。当在移动车辆时，将转向盘转到最大值时，仪表板上的电子转向助力故障灯突然点亮，而回位转向盘后故障灯熄灭。使用诊断仪读取故障码，发现有“00573——转向扭矩传感器超出上限，偶发”的故障码提示。根据故障码分析，造成该故障的原因可能是转向扭矩传感器信号不正确。此时读取转向扭矩传感器信号发现，转向扭矩向右输出太大。

整体更换转向器后试车，故障排除。

案例二：一辆 2015 款大众高尔夫 7 汽车，在停放一段时间后再次起动，发现转向打不动，并且仪表盘上转向系统、ESP 等故障灯点亮。

使用故障诊断仪进行故障检测，进入网关列表发现“44- 转向系统”无法到达，分别进入发动机、变速箱、ABS 控制单元中，发现各个控制单元都有“转向系统无通信”及“数据总线丢失信息”。查阅电路图和系统构成图，转向器控制单元上有供电 30 线和 15 线、一根接地线及两根总线，检查相关线路均正常。检查车辆底盘、转向系统，无明显拖底、磕碰现象。经检查确认故障为转向器内部故障，于是更换转向器。进行转向器在线匹配，新转向器有助力曲线，做 G85 基本设定后，仪表内故障灯全部熄灭，但发动机计算机里报“数据总线接收到故障值”和 ABS 里报“数据总线不可靠信号”，无法清除。车辆正常行驶没有问题。经与正常车辆对比，发现正常转向器编码均为 0102，新转向器的编码为 0002。手动编码时会自动弹出登录码对话框。查看相应资料并无相关方面的介绍，后经多种渠道沟通得知该登录码为“20795”。登录码输入成功后，手动编码顺利进行，把转向器编码改为“0102”后，发动机、ABS 故障可以清除。

更换转向器并进行匹配后试车，故障排除。

任务二　维修助力转向控制单元

步骤一：故障现象确认

1. 客户反映自己的 2018 款大众迈腾 B8L 汽车在行驶过程中，仪表盘上的转向系统故障指示灯点亮，转向时转向盘沉，无助力。与客户一同试车，发现车辆故障现象与客户描述的一致。通过客户了解到该车曾经在外地进行过左前部的事故维修。

初步判断此车为转向助力系统故障，需要使用故障诊断仪读取车辆故障码，针对故障范围内的零部件及线路进行检测，从而找出故障点。如零部件出现故障，需对转向器进行整体更换，如线路出现故障，需对线路进行更换或维修。

2. 结合上述故障现象确认，分析当汽车出现助力转向控制单元故障时的故障现象有哪些，并填写在图 3-2-1 中的图框内。

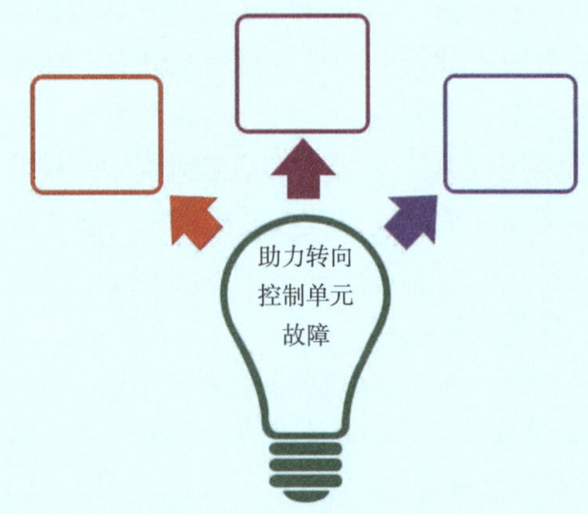

图 3-2-1　故障现象分析

微组织 1：教师检查纠错，学生改正错误。微评价：☆☆☆☆☆

步骤二：作业准备

请认真列出作业准备项目和内容，对照“维修助力转向控制单元作业准备情况检查表”核准检查项目内容，见表 3-2-1。若已准备好，请在方框内画上“√”；若有遗漏，请补充后画上“√”。

表 3-2-1　维修助力转向控制单元作业准备情况检查表

项　目	内　容
作业场地	选择带有消防设施的作业场地□
设备设施	故障诊断仪□
工量辅具	常用工具套件□　翼子板布□　万用表□　扭力扳手□
耗材	手套□　抹布□　防护三件套□　转向器总成□

微组织 2：教师检查纠错，学生改正错误。微评价：☆☆☆☆☆

步骤三：故障诊断维修

1. 查阅教材，掌握并复述助力转向控制单元的相关知识，结合图 3-2-2 在右侧空白表格中默写助力转向控制单元及各插头的名称。

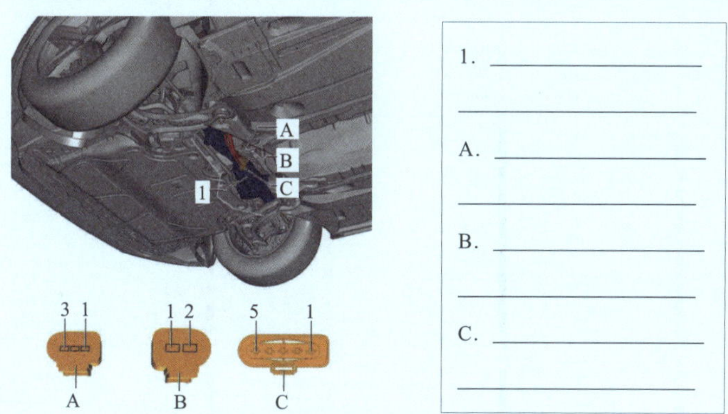

1. ______________________

A. ______________________

B. ______________________

C. ______________________

图 3-2-2　助力转向控制单元安装位置示意图

微组织 3：教师检查纠错，学生改正错误。微评价：☆☆☆☆☆

2. 查阅电路图，掌握并复述助力转向控制单元电路的相关知识，结合图 3-2-3 在右侧空白表格中默写助力转向控制单元主电路图的控制原理。

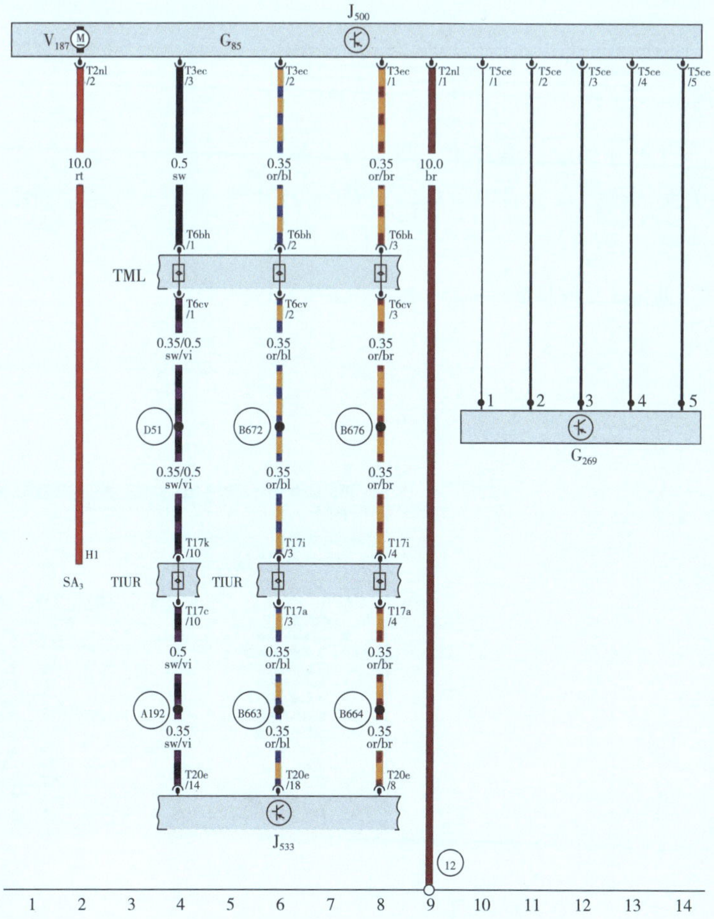

J_{500} V_{187} G_{85}
T2nl/2 T3ec/3 T3ec/2 T3ec/1 T2nl/1 T5ce/1 T5ce/2 T5ce/3 T5ce/4 T5ce/5
10.0 rt　0.5 sw　0.35 or/bl　0.35 or/br　10.0 br
T6bh/1 T6bh/2 T6bh/3
TML
T6cv/1 T6cv/2 T6cv/3
0.35/0.5 sw/vi　0.35 or/bl　0.35 or/br
D51 B672 B676
G_{269}
0.35/0.5 sw/vi　0.35 or/bl　0.35 or/br
T17k/10 T17i/3 T17i/4
H1 SA_3 TIUR TIUR
T17c/10 T17a/3 T17a/4
0.5 sw/vi　0.35 or/bl　0.35 or/br
A192 B663 B664
0.35 sw/vi　0.35 or/bl　0.35 or/br
T20e/14 T20e/18 T20e/8
J_{533}
12
1 2 3 4 5 6 7 8 9 10 11 12 13 14

1. ______________________

2. ______________________

图 3-2-3　助力转向控制单元主电路图

微组织 4：教师检查纠错，学生改正错误。微评价：☆☆☆☆☆

3．查阅电路图，掌握并复述助力转向控制单元电路的相关知识，结合图 3-2-4 在右侧空白表格中默写助力转向控制单元供电电路图的控制原理。

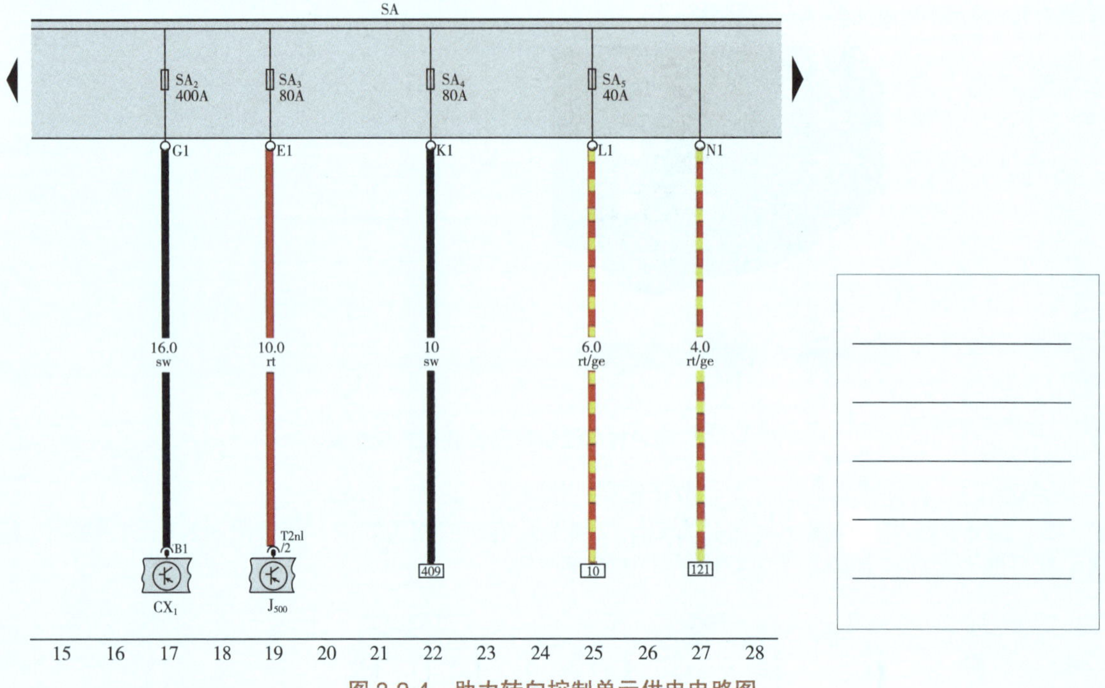

图 3-2-4　助力转向控制单元供电电路图

微组织 5：教师检查纠错，学生改正错误。微评价：☆☆☆☆☆

4．结合教师示范操作、相关实操视频及下表中图片，完成助力转向控制单元故障诊断维修计划，见表 3-2-2。

表 3-2-2　助力转向控制单元故障诊断维修工作计划表

流程	步　骤	图　片
读取 故障码		车辆车载诊断 选择车辆系统 车辆系统 已设 实际安 KD GW信 1001 - 编辑服务 19 - 数据总线诊断接口 是 可以达到 故障 未联网 01 - 发动机电控系统 是 可以达到 故障 传动系C 02 - 变速箱电控系统 是 可以达到 正常 传动系C 03 - 制动电控系统 是 可以达到 故障 传动系C 53 - 停车制动器 是 可以达到 正常 传动系C 04 - 转向角传感器 是 可以达到 正常 传动系C 44 - 助力转向系统 是 无法达到 正常 传动系C 15 - 安全气囊 是 可以达到 正常 传动系C 17 - 仪表板 是 可以达到 故障 KOMBI 25 - 防起动锁 是 可以达到 正常 舒适系 09 - 中央电气电子设备 是 可以达到 故障 舒适系 46 - 舒适系统中央控制单元 是 可以达到 正常 舒适系

续表

流程	步　骤	图　片
读取故障码		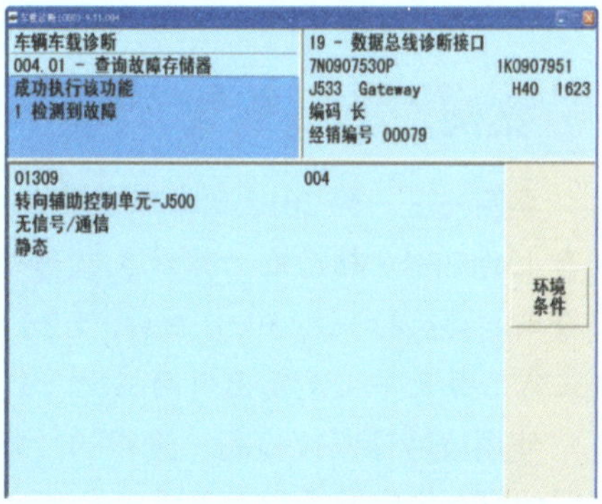 车辆车载诊断 004.01 - 查询故障存储器 成功执行该功能 1 检测到故障 19 - 数据总线诊断接口 7N0907530P　1K0907951 J533 Gateway　H40 1623 编码 长 经销编号 00079 01309　004 转向辅助控制单元-J500 无信号/通信 静态 环境条件
		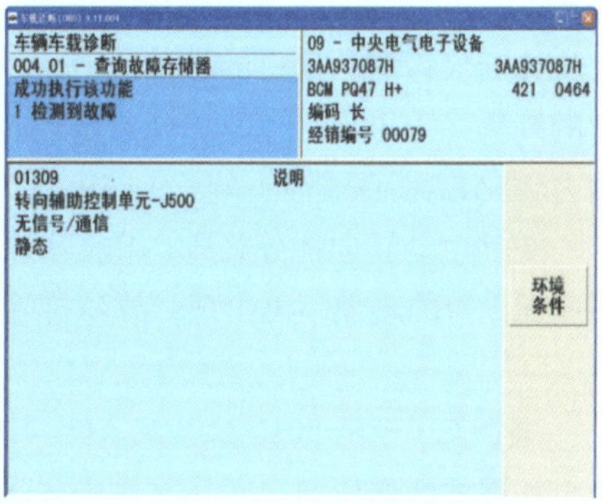 车辆车载诊断 004.01 - 查询故障存储器 成功执行该功能 1 检测到故障 09 - 中央电气电子设备 3AA937087H　3AA937087H BCM PQ47 H+　421 0464 编码 长 经销编号 00079 01309　说明 转向辅助控制单元-J500 无信号/通信 静态 环境条件
确定故障范围		—
		—
		—
检查线路		—
		—
		—
维修故障		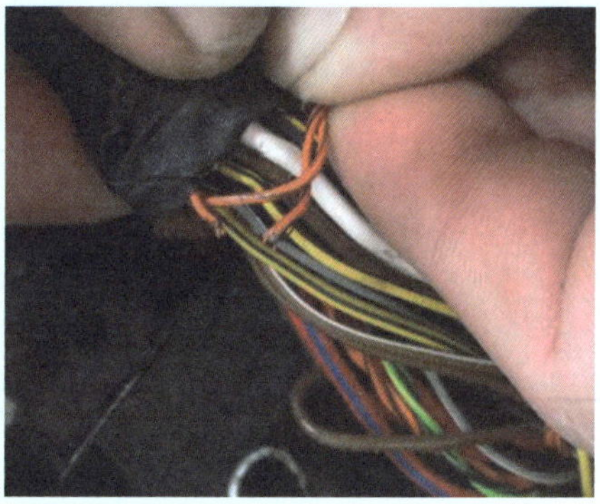

微组织 6：教师检查纠错，学生改正错误。微评价：☆☆☆☆☆

步骤四：试车

对车辆进行路试，验证故障现象是否消失，故障是否排除。

微组织 7：教师检查纠错，学生改正错误。微评价：☆☆☆☆☆

案例

案例一：一辆 2012 款丰田凯美瑞汽车，累计行驶里程约为 180 000 km。车辆行驶过程中，仪表盘上的 EPS（转向助力系统）故障灯点亮后，转向无助力。故障在前一个月出现，几乎每天早上冷车起动后行驶约 5 km 左右，EPS 故障灯就会点亮，将发动机熄火后重新起动，转向助力又恢复正常，每天早上反复出现两三次，热车后故障就很难再出现。

使用故障诊断仪检测，读得的故障代码为“C1513 扭矩传感器偏差过大”。用故障诊断仪对转向器的扭矩传感器进行零点校正，经过多次试车，故障现象未再出现，于是将车辆先交还给车主，并建议车主后期用车过程中地续观察。2 天后车主来店反映仪表盘上的 EPS 故障灯再次点亮，用故障诊断仪检测，读得的故障代码不变。按照车主反映的情况在冷车状态下反复试车，转向无助力的现象终于出现。当故障现象出现时，测得动力转向 ECU 总成插头端子 9 的电压为 0 V，测得动力转向 ECU 总成插头端子 1 的电压为 2.56 V，由此判断该车故障是由电动转向柱分总成引起的。

更换电动转向柱分总成，用故障诊断仪对转向器的扭矩传感器进行零点校正，进行反复试车，转向无助力的现象不再出现，故障排除。

案例二：一辆 2018 款奥迪 A6L 车，在行驶过程中仪表盘转向助力故障灯偶尔点亮且无助力。使用故障诊断仪检测，有故障代码“U013100 动力转向控制单元 无通信”“VAG01309 动力转向控制单元 无信号通信”“U104800 FlexRay 数据总线损坏”“U101D00 动力转向控制单元 无通信”。根据故障代码和现象分析，可能的故障原因有：助力转向控制单元（J500）故障，J500 供电和搭铁故障，FlexRay 总线故障，数据诊断总线（J533）故障。

J500 为 FlexRay 通信单元，J500 在 J533 支路 2 上，确认只连接 J500 一个控制单元，根据电路图，按照电阻测量法测量 J533 和 J500 相关线路电阻，找到 FlexRay 总线连接插头 T6a1/3、T6a1/4，断开此插头，分别测量 T6a1/3、T6a1/4 与 J533 及 J500 之间的电阻，J533 测量结果为 97.3 Ω，正常；测量 J500 相关线路电阻为无穷大，异常，正常值应为 94 Ω 左右，说明 T6a1/3、T6a1/4 与 J500 之间线路存在断路。为了进一步确认故障是发生在线路上还是在 J533 上，拔下 J500 插头，测量 J500 内部电阻为 95.6 Ω，正常，此时再次检查中间插头 T6a1 与 J500 连接插头，发现 T6a1/4 针脚断了，最终确认为与 J500 连接的 FlexRay 总线存在虚接，导致偶尔 J500 无通信，仪表盘会报警助力转向故障。

修复插头后试车，故障排除。

任务三　维修转向柱

步骤一：故障现象确认

1. 客户反映自己的 2018 款大众迈腾 B8L 汽车不管是在原地还是在行驶时打转向盘时都会发出异响。与客户一同试车，发现打转向盘时底盘会发出“咯噔咯噔”响声，转向盘游动间隙变大。

将此车开到举升机上进行检测判断，启动车辆原地打转向盘，对转向拉杆、转向球头、转向机、转向柱逐一听诊，确定异响是转向柱发出的，需要对其进行拆卸并检查，如果有故障则需要整体更换。

2. 结合上述故障现象确认，分析当汽车打转向盘时底盘发出异响的故障原因有哪些，并填写在图 3-3-1 中的空格。

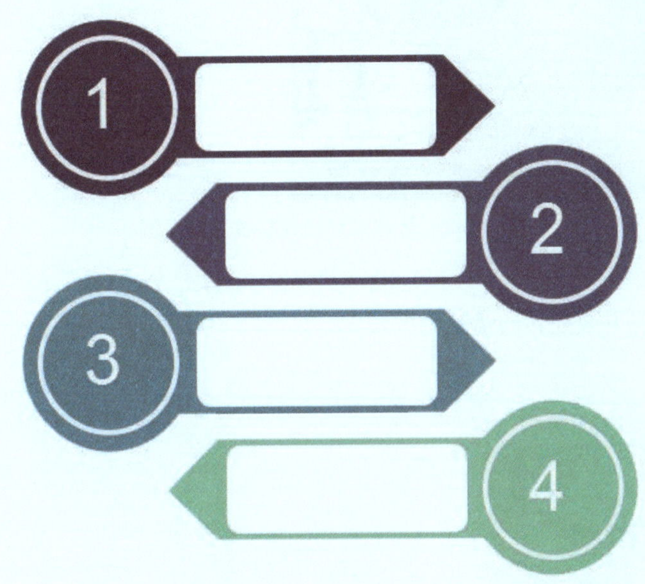

图 3-3-1　故障原因分析图

微组织 1：教师检查纠错，学生改正错误。微评价：☆☆☆☆☆

步骤二：作业准备

请认真列出作业准备项目和内容，对照“维修转向柱作业准备情况检查表”核准检查项目内容，见表 3-3-1。若已准备好，请在方框内画上“√”；若有遗漏，请补充后画上“√”。

表 3-3-1　维修转向柱作业准备情况检查表

项　目	内　容
作业场地	选择带有消防设施的作业场地□
设备设施	举升机□　故障诊断仪□
工量辅具	常用工具套件□　扭力扳手□　翼子板布□　螺丝刀□
耗材	手套□　抹布□　防护三件套□　转向柱总成□

微组织 2：教师检查纠错，学生改正错误。微评价：☆☆☆☆☆

步骤三：拆卸转向盘

1. 查阅教材，掌握并复述转向盘的相关知识，结合图 3-3-2 在右侧空白表格中默写转向盘各装配零件的名称。

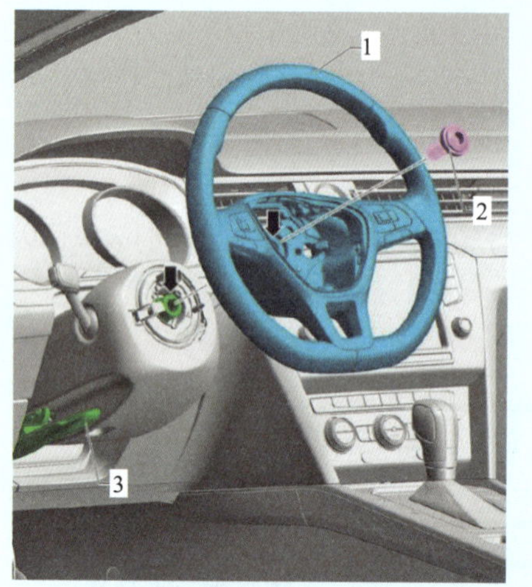

1. ____________

2. ____________

3. ____________

图 3-3-2　转向盘和转向柱位置示意图

微组织 3：教师检查纠错，学生改正错误。微评价：☆☆☆☆☆

2. 查阅教材，掌握并复述转向盘的相关知识，结合图 3-3-3 在右侧空白表格中默写转向盘各组成零件的名称。

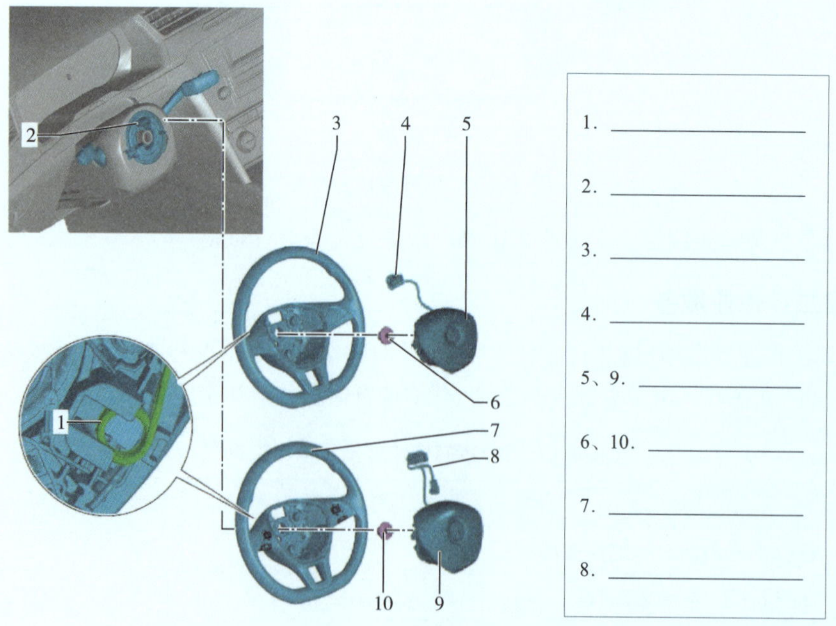

图 3-3-3　转向盘装配图

微组织 4：教师检查纠错，学生改正错误。微评价：☆☆☆☆☆

3．结合教师示范操作、相关实操视频及下表中图片，完成转向盘拆卸计划，见表 3-3-2。

表 3-3-2　转向盘拆卸工作计划表

序号	步　　骤	图　　片
1	尽量向后向下打转向盘，拆下转向柱上部饰板	—
2	转动转向盘，使转向盘背面的开口正好朝上	—
3		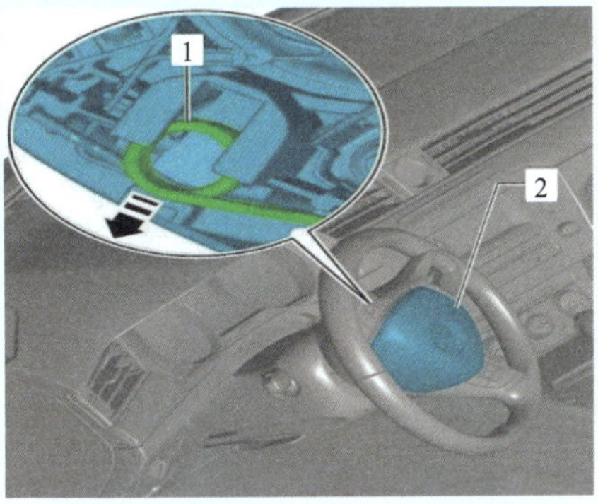
4	转动转向盘 180°，并在转向盘侧对面重复该操作，重新将转向盘置于中间位置	—
5	在点火开关已打开的情况下断开蓄电池接地线	—
6		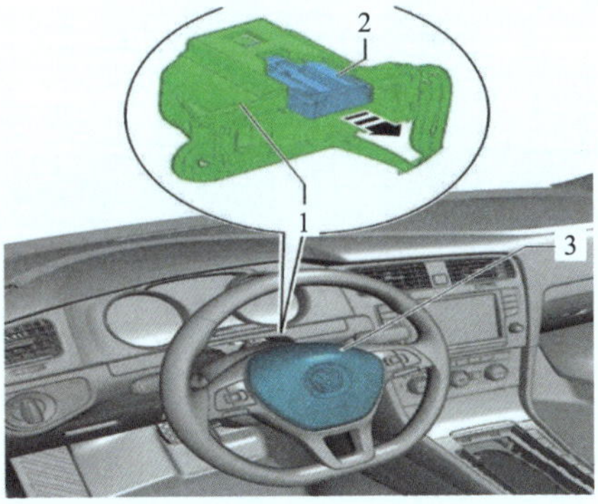
7	脱开多功能转向盘的其他电气插头连接，取下安全气囊单元	—
8	检查转向柱在标记高度是否有一个冲点，如没有则必须在转向柱上用一个冲点标记转向盘	—
9		

微组织 5：教师检查纠错，学生改正错误。微评价：☆☆☆☆☆

步骤四：拆卸、检查转向柱

1．查阅教材，掌握并复述转向柱的相关知识，结合图 3-3-4 在右侧空白表格中默写转向柱各组成零件的名称。

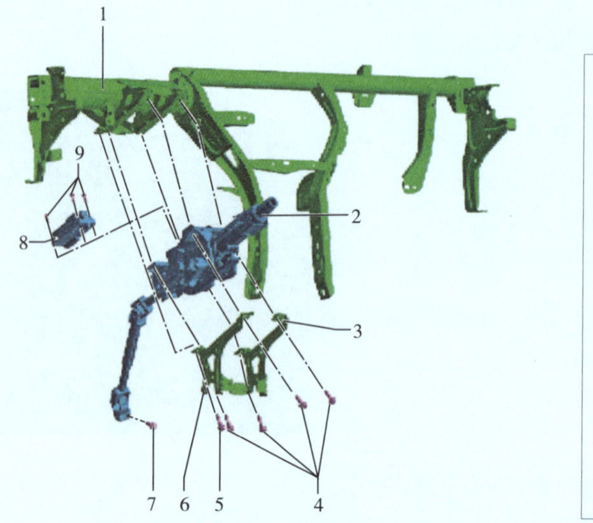

1．__________

2．__________

3．__________

4、5、7、9．__________

____

6．__________

8．__________

图 3-3-4　转向柱装配图

微组织 6：教师检查纠错，学生改正错误。微评价：☆☆☆☆☆

2．结合教师示范操作、相关实操视频及下表中图片，完成转向柱拆卸计划，见表 3-3-3。

表 3-3-3　转向柱拆卸工作计划表

序号	步　骤	图　片
1	拆卸转向柱下部饰板及转向柱开关模块	—
2	拆卸驾驶员侧脚部空间盖板及膝部安全气囊	—
3	用螺丝刀脱开凸耳，从接片中拉出电缆导向件	—
4		
5	脱开线束导向件的卡止件，脱开线束支架的卡止件，并从转向柱中取下，将转向柱上的线束置于一旁	—

续表

序号	步　骤	图　片
6		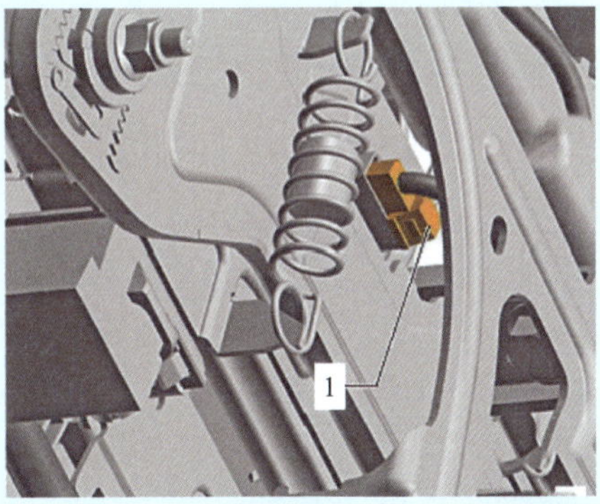 1
7		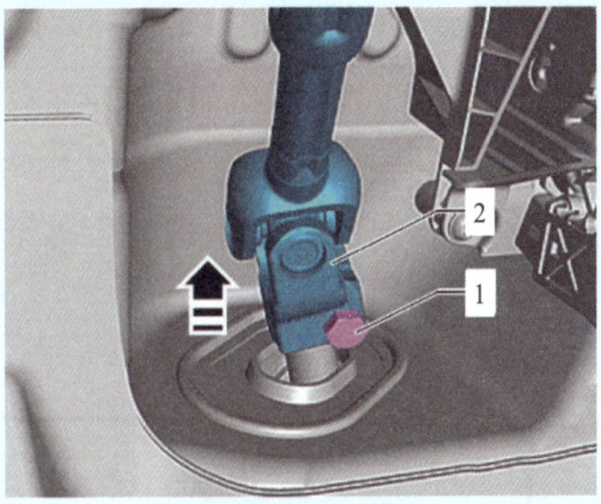 2 1
8		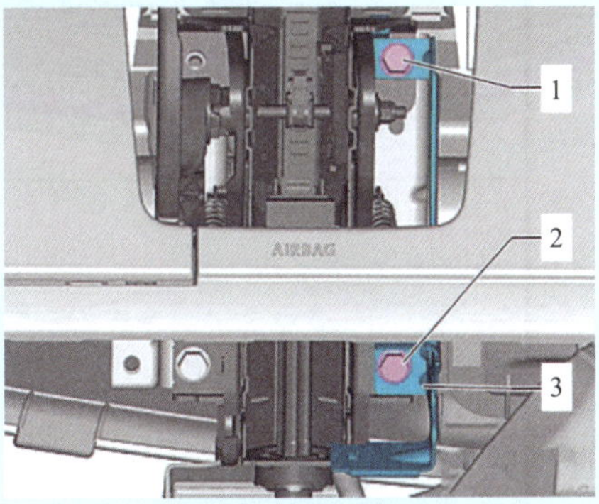 1 AIRBAG 2 3
9		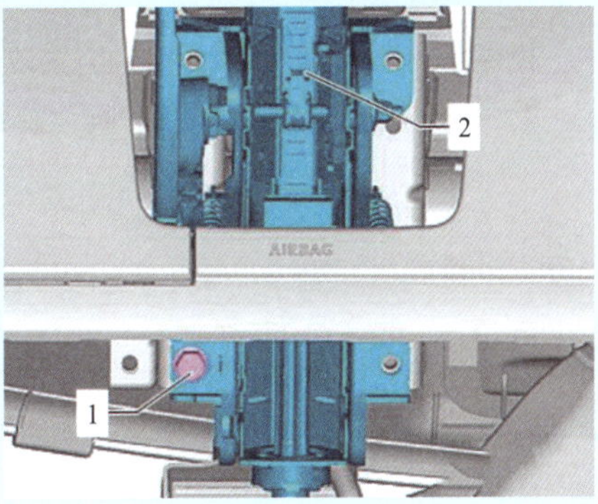 2 AIRBAG 1
10	向上从凸耳和轴承座中脱开转向柱并取下	—

续表

序号	步　　骤	图　　片
11		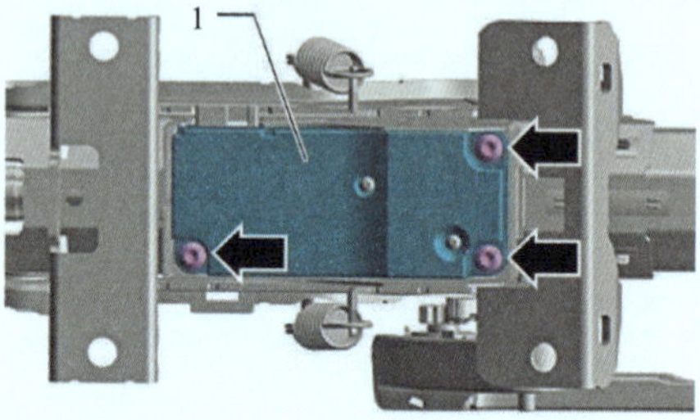
12	按压凸耳并取出电子转向柱锁控制单元	—

微组织 7：教师检查纠错，学生改正错误。微评价：☆☆☆☆☆

3．查阅维修手册，结合下列图片，梳理出转向柱运输和处理的方法，见表 3-3-4。

表 3-3-4　转向柱运输和处理方法

1.______________________________；	2.______________________________。

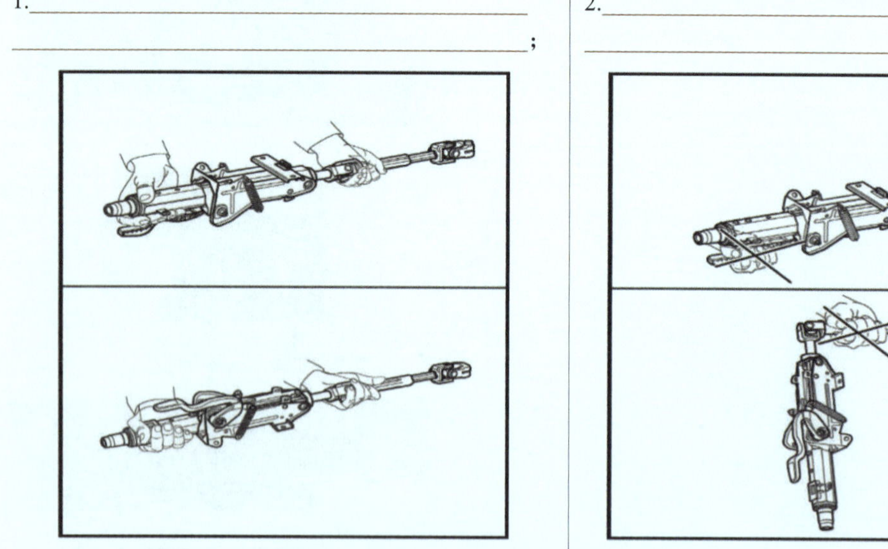

微组织 8：教师检查纠错，学生改正错误。微评价：☆☆☆☆☆

4．查阅相关资料及维修手册，总结转向柱的检查方法和检查内容，并完成表 3-3-5。

表 3-3-5　转向柱检查方法及内容

项　　目	内　　容
目视检查	
功能检查	

微组织 9：教师检查纠错，学生改正错误。微评价：☆☆☆☆☆

5. 结合教师示范操作、相关实操视频及下表中图片，完成转向柱开关模块拆卸计划，见表 3-3-6。

表 3-3-6　转向柱开关模块拆卸工作计划表

序号	步　骤	图　片
1		1 A 2 B
2		A 1 2 B 3

微组织 10：教师检查纠错，学生改正错误。微评价：☆☆☆☆☆

步骤五：安装转向柱

1. 结合维修手册，制订安装转向柱的工作计划，见表 3-3-7。

表 3-3-7　转向柱安装工作计划表

工序	内　容	工具 / 辅具
1		
2		
3		
4		

续表

工序	内　容	工具 / 辅具
5		
6		
7		
8		
9		
10		
11		
12		
13		
14		
15		
16		
17		
18		
19		
20		
21		
22		
23		

微组织 11：教师检查纠错，学生改正错误。微评价：☆☆☆☆☆

2. 查阅相关资料，归纳转向柱的安装原则。

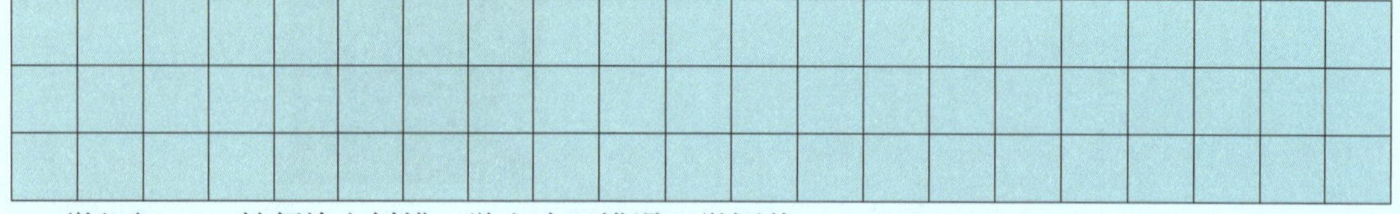

微组织 12：教师检查纠错，学生改正错误。微评价：☆☆☆☆☆

步骤六：试车

所有操作完成后，对车辆进行路试，验证故障现象是否消失，故障是否排除。

微组织 13：教师检查纠错，学生改正错误。微评价：☆☆☆☆☆

案例

案例一：一辆 2012 款奥迪 Q5 汽车，累计行驶里程约为 160 000 km。车主反映，车辆转向沉重。接车后首先试车，发现故障现象与车主所述一致。会引起转向沉重的原因有助力传动皮带故障、助力油壶液位不足、悬架磨损、转向器电磁阀（N119）故障、车载电网控制单元（J519 故障）、转向器故障、助力泵故障及转向中间轴故障等。

检查助力油壶液位正常，助力传动皮带也正常，脱开转向器与悬架的连接后试车，发现转向依然沉重，由此说明故障与悬架无关。使用故障诊断仪检测，发现车辆没有存储任何故障代码，使用故障诊断仪读取 N119 数据流，数据显示正常。由于 N119 安装的地方比较狭小，如果测量阻值需要拆下转向器，当拆下转向柱的十字轴时，发现十字轴无法与转向器正常脱开，好的转向中间轴应该是可以伸缩自如无卡滞的，拆下转向中间轴，发现转向中间轴伸缩管已经生锈。检查 N119 滤网无脏堵，使用万用表测量 N119 电阻为 7.9 Ω，正常。由此怀疑是转向中间轴伸缩管锈蚀导致的故障。

更换转向中间轴后试车，发现故障现象消失，故障排除。

案例二：一辆 2018 款马自达昂克赛拉汽车，原地打方向时转向柱异响。故障诊断接车后试车，发现确实存在异响。

初步分析故障原因：①转向柱平面轴承松旷；②转向柱十字万向节松旷；③转向柱伸缩节松旷。经检查，转向柱平面轴承。十字万向节、伸缩节均正常。后来边打方向边听声音从哪里发出来，发现转向柱与伸缩节连接处的锁紧螺栓松动导致的异响。

拧紧螺栓后试车，异响消失，故障排除。

任务四　维修电子转向柱锁控制单元

步骤一：故障现象确认

1. 客户反映自己的 2018 款大众迈腾 B8L 汽车仪表黑屏，电子转向柱锁无法解锁。经确认，发现车辆无法启动，转向盘转不动，遥控钥匙可以开门、锁车，按下启动开关钥匙指示灯闪烁，仪表盘上转向系统故障指示灯点亮，但转向柱锁无解锁声音，仪表盘可以显示车辆门锁状态。

初步判断此车为电器部分故障，需要使用故障诊断仪读取车辆故障码，针对故障含义及发生时间进行分析来确定故障范围，并对故障范围内的零部件进行检测，从而找出故障点。

2. 结合上述故障现象确认，分析当汽车出现电子转向柱锁控制单元故障时的故障现象有哪些，并填写在图 3-4-1 中的图框内。

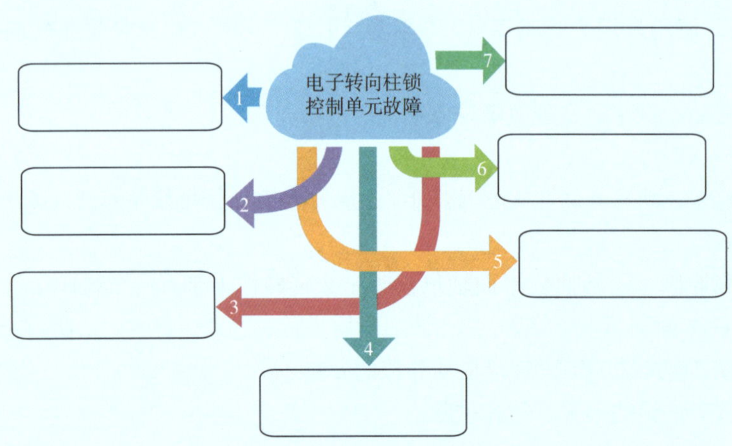

图 3-4-1　故障现象分析

微组织 1：教师检查纠错，学生改正错误。微评价：☆☆☆☆☆

步骤二：作业准备

请认真列出作业准备项目和内容，对照“维修电子转向柱锁控制单元作业准备情况检查表”核准检查项目内容，见表 3-4-1。若已准备好，请在方框内画上“√”；若有遗漏，请补充后画上“√”。

表 3-4-1　维修电子转向柱锁控制单元作业准备情况检查表

项　目	内　容
作业场地	选择带有消防设施的作业场地□
设备设施	故障诊断仪□
工量辅具	常用工具套件□　翼子板布□　万用表□　扭力扳手□
耗材	手套□　抹布□　防护三件套□　转向柱总成□

微组织 2：教师检查纠错，学生改正错误。微评价：☆☆☆☆☆

步骤三：故障诊断维修

1. 查阅教材，掌握并复述电子转向柱锁控制单元的相关知识，结合图 3-4-2 在右侧空白表格中默写电子转向柱锁控制单元及插头的名称。

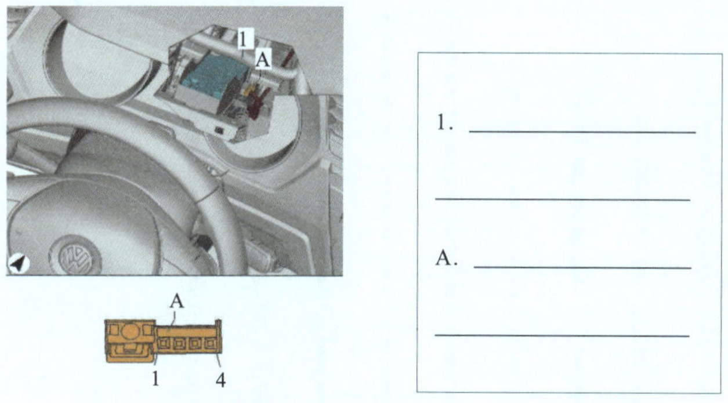

图 3-4-2　电子转向柱锁控制单元安装位置示意图

微组织 3：教师检查纠错，学生改正错误。微评价：☆☆☆☆☆

2. 查阅电路图，掌握并复述电子转向柱锁控制单元电路的相关知识，结合图 3-4-3 在右侧空白表格中默写电子转向柱锁控制单元主电路图的控制原理。

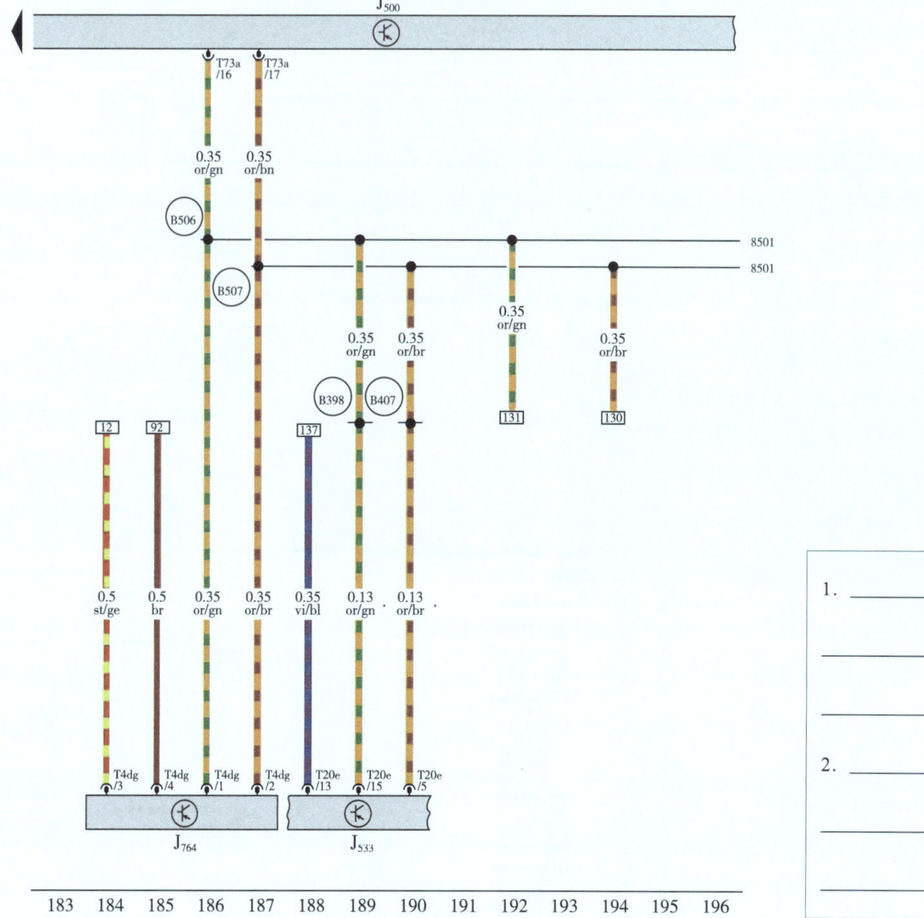

1. ____________

____

____

2. ____________

____

____

图 3-4-3　电子转向柱锁控制单元主电路图

微组织 4：教师检查纠错，学生改正错误。微评价：☆☆☆☆☆

3. 查阅电路图，掌握并复述电子转向柱锁控制单元电路的相关知识，结合图 3-4-4 在右侧空白表格中默写电子转向柱锁控制单元供电电路图的控制原理。

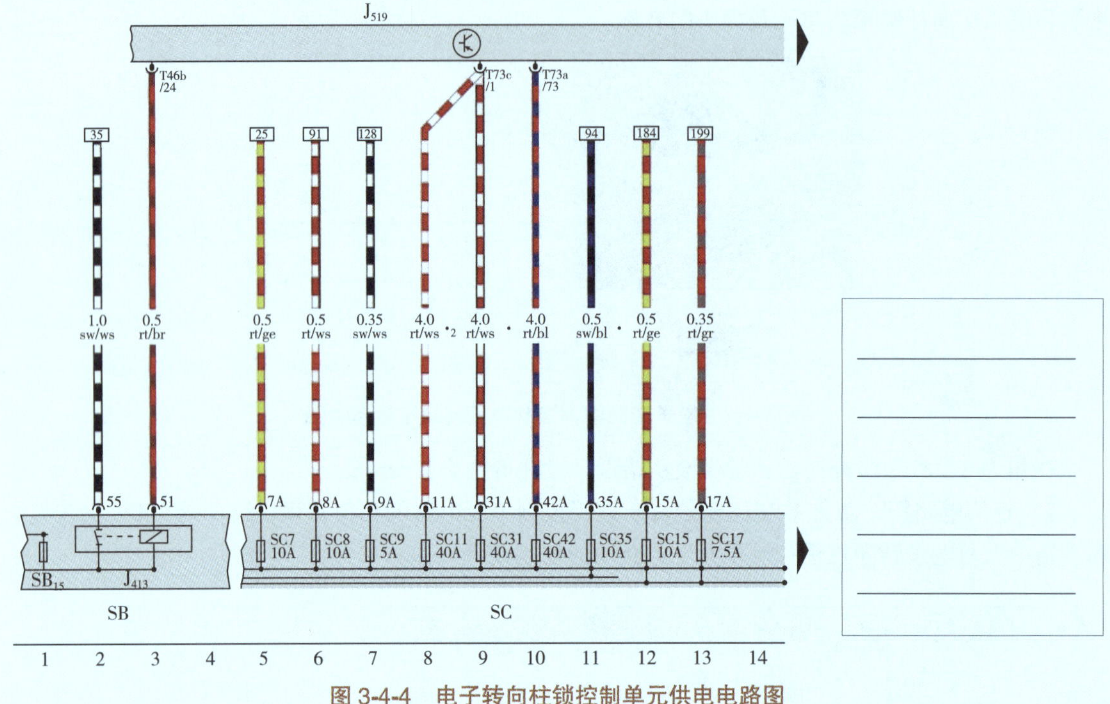

图 3-4-4　电子转向柱锁控制单元供电电路图

微组织 5：教师检查纠错，学生改正错误。微评价：☆☆☆☆☆

4. 结合教师示范操作、相关实操视频及下表中图片，完成电子转向柱锁控制单元故障诊断维修计划，见表 3-4-2。

表 3-4-2　电子转向柱锁控制单元故障诊断维修工作计划表

流程	步　骤	图　片
	使用故障诊断仪 VAS6150B 检测底盘号，无法自动识别，通过手动输入底盘号后进行诊断	—
读取故障码		址: 00B7 系统名: B7-进入及起动系统接口 协议改版: UDS/ISOTP (Ereignisse: 3) 识别: 故障存储器记录: 故障存储器记录 编号: B1248F3: 电动转向柱锁 撤了许可不可1 故障类型 2: 主动/静态 症状: 1074443 状态: 10001001 标准环境条件: 日期: 18-1-14 时间: 16:57:51 里程（DTC）: 26 优先等级: 5 频率计数器: 1 遗忘计数器/驾驶周期: 5 故障存储器记录 编号: U112100: 数据总线丢失信息 故障类型 2: 被动/偶发 症状: 12718086 状态: 00001000 标准环境条件: 日期: 18-1-14 时间: 18:02:54 里程（DTC）: 26 优先等级: 6 频率计数器: 1

续表

流程	步　骤	图　片
读取故障码		地址: 0009 系统名: 09-电子中央电气设备 协议改版: UDS/ISOTP (Ereignisse: 3) ⊞识别: ⊟故障存储器记录: 故障存储器记录 编号: U112100: 数据总线丢失信息 故障类型 2: 主动/静态 症状: 533013 状态: 00001001 ⊟标准环境条件: 日期: 18-1-14 时间: 16:52:47 里程（DTC）: 26 优先等级: 6 频率计数器: 1 遗忘计数器/驾驶周期: 5 ⊟高级环境条件: 端子15状态 Off 端子50状态 Off On
		地址: 0019 系统名: 19-数据总线诊断接口 协议改版: UDS/ISOTP (Ereignisse: 3) ⊞识别: ⊟故障存储器记录: 故障存储器记录 编号: U015500: 仪表板控制单元 无通信 故障类型 2: 被动/偶发 症状: 131604 状态: 00001000 ⊟标准环境条件: 日期: 18-1-14 时间: 18:02:57 里程（DTC）: 26 优先等级: 2 频率计数器: 1 遗忘计数器/驾驶周期: 45 ⊟高级环境条件: 供电电压，端子30 12.1 V 端子15 off 故障存储器记录 编号: U100A00: 进入及其起动许可 无通信 故障类型 2: 被动/偶发 症状: 131634 状态: 00001000 ⊟标准环境条件: 日期: 18-1-14 时间: 18:02:46 里程（DTC）: 26 优先等级: 2 频率计数器: 1 遗忘计数器/驾驶周期: 45
确定故障范围		—
		—
		—
检查线路		—
		—
		—
		—

续表

流程	步　　骤	图　　片
维修故障		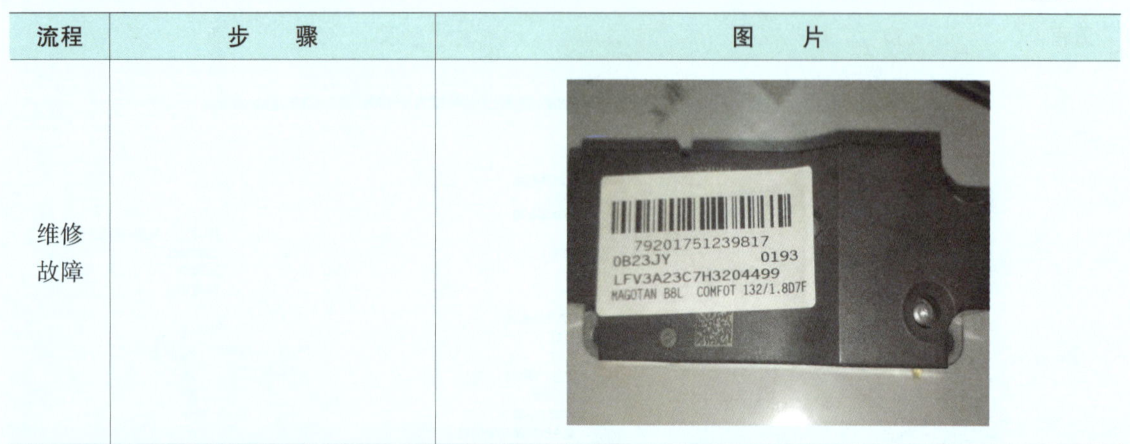

微组织 6：教师检查纠错，学生改正错误。微评价：☆☆☆☆☆

5. 查阅相关资料，结合下列图片，梳理出第五代防盗锁止系统（带 ESCL）工作过程，见表 3-4-3。

表 3-4-3　第五代防盗锁止系统（带 ESCL）工作过程

14.1743请求批准/数据检查=>
15.<=J362发出批准
13.<=J362发出批准
12.1623请求批准/数据检查=>
J623
J362
6.应答器数据
7.应答器检查
3.钥匙已经被授权?
11.唤醒!
2.唤醒!
主设备
J533
J743
10.端子15启动
1.询问端子15启动
8.钥匙OK!解锁ESCL
9.电源端子15启动
J519
J764
从属设备3、4……
HF
16.其他从属设备的请求和批准
4.钥匙?
J518
5.我的信号
LF
天线
E378
CAN信息
独立

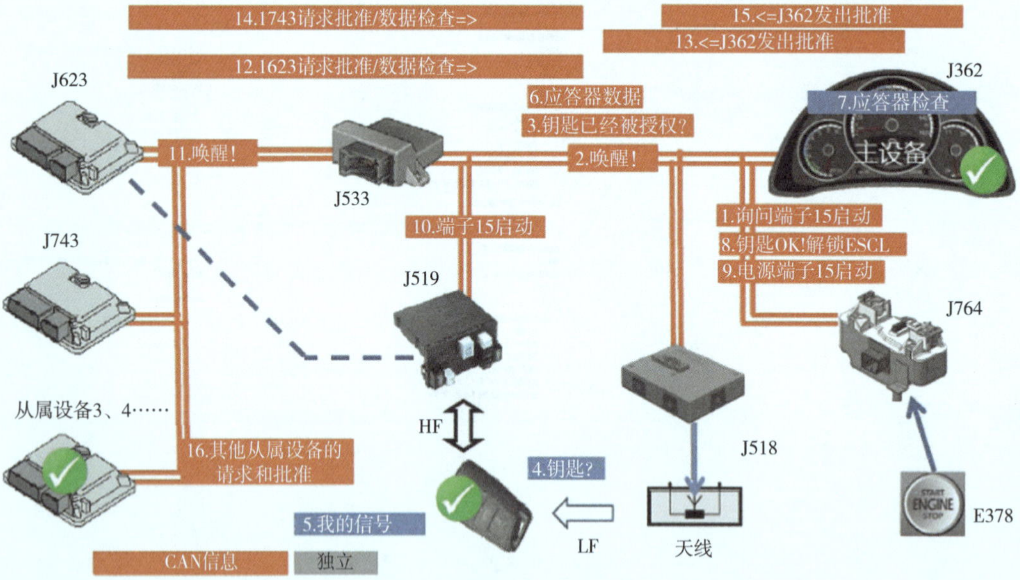

序号	过　　程
1	
2	
3	
4	
5	
6	
7	
8	

续表

序号	过　　程
9	
10	
11	
12	
13	
14	
15	
16	

微组织 7：教师检查纠错，学生改正错误。微评价：☆☆☆☆☆

步骤四：试车

对车辆进行路试，验证故障现象是否消失，故障是否排除。

微组织 8：教师检查纠错，学生改正错误。微评价：☆☆☆☆☆

案例

案例一：一辆 2011 款大众帕萨特汽车，行驶里程约为 120 000 km，车主反映，仪表盘上的转向盘故障灯点亮。接车后试车，仪表上的转向盘故障灯点亮，但转向助力功能正常。

使用故障诊断仪检测，在电子转向柱锁控制单元中存储有故障代码“P305300 起动机起动端子 50 返回信息对搭铁短路 / 断路 主动 / 静态”。查看电子转向柱锁控制单元相关电路得知，控制单元（J764）导线连接器 T16s 的端子 3 接收来自起动继电器（J682）导线连接器 D 端子 6 提供的电压信号，以此来监测起动机端子 50 的起动信号。根据故障代码提示，怀疑 J764 导线连接器 T16s 端子 3 相关电路断路。找到 J764，脱开导线连接器 T16s，测量起动时端子 3 的电压，电压正常变化，说明 J682 正常提供了起动信号且相关线路正常，由此怀疑 J764 故障。J764 是一个总成元件，没有单独的相关配件更换，更换成本较高，同时 J764 还是一个防盗系统相关元件，更换时要检查车钥匙是否为原车钥匙，如果使用的是没有经过服务系统记录的钥匙，需要重新定购车钥匙，所以更换 J764 比较麻烦。拆开 J764 内部，从导线连接器 T16s 端子 3 开始往内部测量，发现有一个三极管通断异常，推断故障是由于该三极管导致的。

将 J764 损坏的三极管更换后试车，故障代码可以清除，仪表盘上的转向盘故障灯不再点亮，重新读取故障代码，无相关故障代码存储，故障排除。

案例二：一辆 2018 款大众迈腾汽车，累计行驶里程约为 294 km。车主反映，该车转向盘转不动。接车后首先试车，发现钥匙可以打开车门，并对车门进行上锁解锁，按下启动开关，钥匙指示灯闪烁，组合仪表上转向盘灯亮黄色，但是电动转向柱没有解锁的声音。

使用故障诊断仪检测，发现端子 15 没有供电，通过继电器 J329 强行供出端子 15 电压，读取故障代码，发现车辆存储有两个故障代码“B1248F3 电动转向柱端子许可不可信”“U112100 数据总线丢失信息”。由此说明故障主要是因为电子转向柱锁控制单元（J764）故障和 J764 相关线路故障。查看 J764 相关电路，发现 J764 由熔断器 SC15 进行供电，首先检查发现熔断器 SC15 正常，继而检查 J764 是否故障，脱开 J764 导线连接器 T4dg，轻轻拨动各针脚，发现当拨到 J764 导线连接器 T4dg 端子 4 号针脚时，针脚脱出，由此说明故障是由于 J764 导线连接器 T4dg 端子 4 号针脚松脱引起的。

修复 J764 导线连接器 T4dg 端子 4 号针脚后试车，发现故障现象消失，故障排除。

项目四　维修汽车传动系统

项目任务单

项目描述	完成对汽车传动系统的故障诊断与维修
项目要求	符合 2018 款大众迈腾 B8L 汽车技术要求与标准，正确使用工量具，完成如下作业： 1. 维修传动轴； 2. 维修变速箱机电控制单元； 3. 维修离合器
学习目标	1. 准确陈述传动轴故障诊断方法； 2. 准确陈述变速箱机电控制单元故障诊断方法； 3. 准确陈述离合器故障诊断方法； 4. 规范地对传动轴故障进行维修； 5. 规范地对变速箱机电控制单元故障进行维修； 6. 规范地对离合器故障进行维修； 7. 养成自觉遵守技术标准、操作规范、“5S” 作业标准的好习惯； 8. 养成持之以恒、勤学苦练、虚心求教的学习态度； 9. 建立汽车维修系统思维模式
项目载体	2018 款大众迈腾 B8L 汽车传动系统 
计划学时	24 学时

工作页	上课地点		学生姓名		完成 / 未完成
	任课教师		上课时间		优 / 良 / 中 / 及格

项目导入

一、想一想

2018 款大众迈腾 B8L 汽车在行驶时车辆右前部发出“咔哒咔哒”的响声，当车辆加速到 60 km/h 以上时，右前部车身开始摆动，减速时车身摆动消失；车辆放置一晚上后，打开点火开关，仪表盘有时会偶然提示“变速箱损坏”；在车辆起步时，有较大冲击，离合器抖动严重，低速挡位间变换时也会产生抖动，但在高速挡位时抖动逐渐消失。

请尝试分析一下，哪些部件发生故障可能会导致上述故障现象的出现，并用铅笔认真地写在下面方格内。

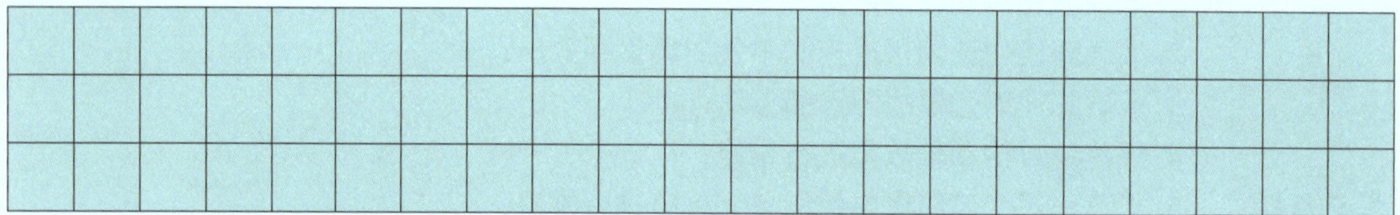

微组织 1：教师检查纠错，学生改正错误。微评价：☆☆☆☆☆

二、写一写

通过前导课程汽车底盘构造与拆装的学习，请默写出汽车底盘传动系统的组成部分以及每部分包含的主要零部件。

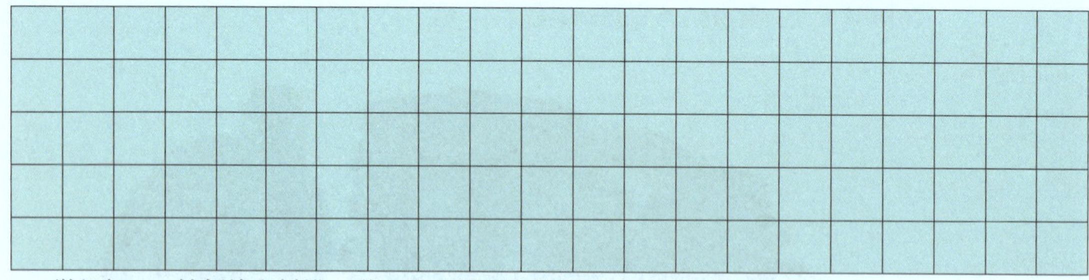

微组织 2：教师检查纠错，学生改正错误。微评价：☆☆☆☆☆

三、查一查

请大声说出安全与防护要求，做好防护准备，同时进行自检和互检。若已完成，请在方框内画上“√”。

- □ 工作服穿戴“四紧”，穿工鞋，戴工帽；
- □ 严禁佩戴手表等金属首饰；
- □ 严禁摆弄与本次任务无关的设备和工具；
- □ 严禁嬉戏打闹。

微组织 3：教师检查纠错，学生改正错误。微评价：☆☆☆☆☆

项目实施

任务一　维修传动轴

步骤一：故障现象确认

1. 客户反映自己的 2018 款大众迈腾 B8L 汽车在行驶时，车辆右前部发出“咔哒咔哒”的响声，当车辆加速到 60 km/h 以上时，右前部车身开始摆动，减速时车身摆动消失，与客户一同试车，发现车辆故障现象与客户的描述一致。

将此车开到举升机上进行检测判断，底盘前部所有螺栓无松动，轮胎花纹正常，无异物，传动轴连接螺栓不松动，转向横拉杆及球头无松旷，控制臂、副车架、车轮轴承支座及主销无明显变形或松旷。对右前车轮进行动平衡检查，发现有略微动不平衡，调整后故障现象没有改善。将车辆挂入空挡，用手转动右前车轮，确认异响是从右传动轴内等速万向节处发出。

2. 结合上述故障现象确认，分析当汽车出现以上故障现象时的可能故障部位有哪些，并填写图 4-1-1 中的空格。

图 4-1-1　故障部位分析图

微组织 1：教师检查纠错，学生改正错误。微评价：☆☆☆☆☆

步骤二：作业准备

请认真列出作业准备项目和内容，对照“维修传动轴作业准备情况检查表”核准检查项目内容，见表 4-1-1。若已准备好，请在方框内画上“√”；若有遗漏，请补充后画上“√”。

表 4-1-1　维修传动轴作业准备情况检查表

项　目	内　　容
作业场地	选择带有消防设施的作业场地□
设备设施	举升机□　动平衡机□

续表

项　目	内　　容
工量辅具	常用工具套件□　车轮扳手□　扭力扳手□　翼子板布□　传动轴螺栓专用拆装套筒扳手接头□　专用压具□　卡簧钳□　转角扳手□
耗材	内等速万向节□　手套□　抹布□　防护三件套□

微组织 2：教师检查纠错，学生改正错误。微评价：☆☆☆☆☆

步骤三：拆卸右传动轴总成

1. 查阅教材，掌握并复述传动轴总成的相关知识，结合图 4-1-2 在右侧空白表格中默写传动轴总成各组成零件的名称。

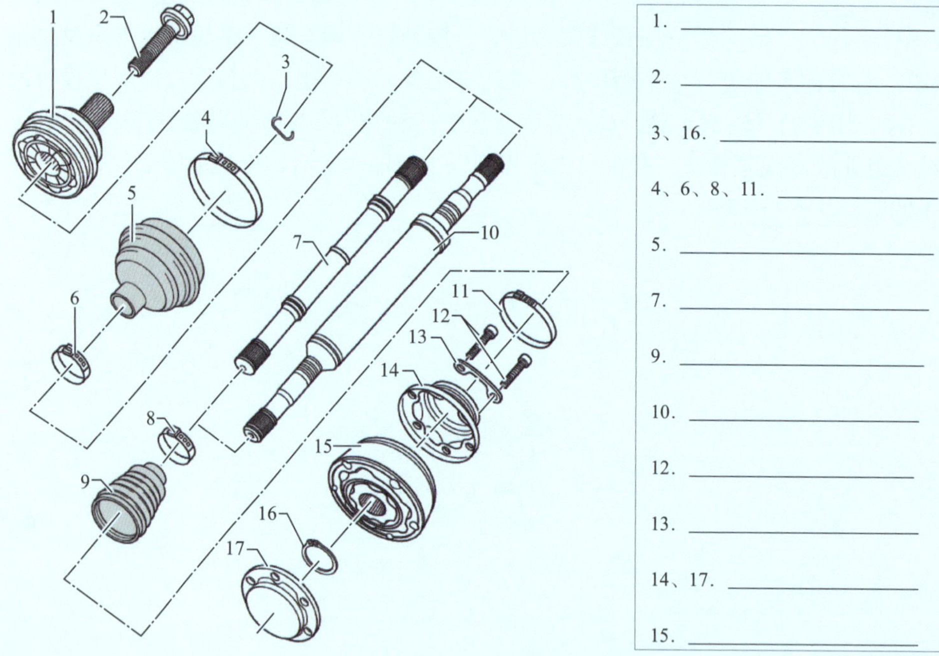

图 4-1-2　传动轴总成装配图

微组织 3：教师检查纠错，学生改正错误。微评价：☆☆☆☆☆

2. 结合传动轴总成拆装的相关实操视频，制订拆卸计划，见表 4-1-2。

表 4-1-2　拆卸右传动轴总成工作计划表

工序	内　　容	工量辅具
1		
2		
3		
4		
5		
6		
7		
8		

微组织 4：教师检查纠错，学生改正错误。微评价：☆☆☆☆☆

3. 查阅维修手册，归纳传动轴总成的拆装原则，见表 4-1-3。

表 4-1-3　传动轴总成拆装原则

工序	内　　容
拆卸原则	
安装原则	

微组织 5：教师检查纠错，学生改正错误。微评价：☆☆☆☆☆

4. 观看实操视频并查阅维修手册，根据图 4-1-3 和图 4-1-4，总结传动轴隔热板的相关知识，并填写在下列横线上。

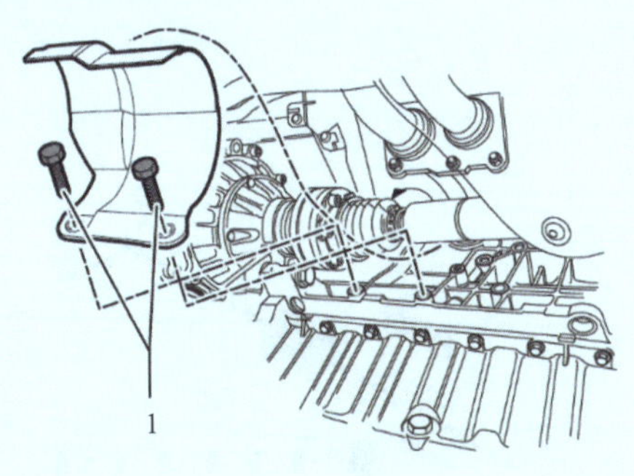

图 4-1-3　传动轴隔热板紧固螺栓

图 4-1-4　传动轴隔热板及固定螺栓实物

1. ______________________________

____

2. ______________________________

____

微组织 6：教师检查纠错，学生改正错误。微评价：☆☆☆☆☆

步骤四：分解、检查右传动轴总成

1. 结合教师示范操作、相关实操视频，完成右传动轴总成分解、检查工作计划，见表 4-1-4。

表 4-1-4　右传动轴总成分解、检查工作计划表

工序	内　　容	工量辅具
分解步骤		

续表

工序	内　　容	工量辅具
检查步骤		

微组织 7：教师检查纠错，学生改正错误。微评价：☆☆☆☆☆

2．查阅维修手册，并结合教师的讲解，归纳外等速万向节的拆卸方法，见表 4-1-5。

表 4-1-5　外等速万向节拆卸方法

1.________________________ ________________________；	2.________________________ ________________________；
3.________________________ ________________________； T10382	4.________________________ ________________________； VW771
5.____。	

微组织 8：教师检查纠错，学生改正错误。微评价：☆☆☆☆☆

3．结合教师讲解及查阅维修手册，总结右传动轴总成各部分的检查方法，见表 4-1-6。

表 4-1-6　右传动轴总成各部分检查方法

部件	内　　容
万向节	

续表

部件	内　　容	
传动轴		

微组织 9：教师检查纠错，学生改正错误。微评价：☆☆☆☆☆

步骤五：组装右传动轴总成

1．结合组装右传动轴总成的相关实操视频，制订组装计划，见表 4-1-7。

表 4-1-7　组装右传动轴总成工作计划表

工序	内　　容	工量辅具
1		
2		
3		
4		
5		
6		
7		

微组织 10：教师检查纠错，学生改正错误。微评价：☆☆☆☆☆

2. 根据组装计划实施组装，总结内、外等速万向节的安装方法，见表 4-1-8。

表 4-1-8　内、外等速万向节安装方法

部件	步　　骤
外等速万向节	

续表

部件	步　骤	
内等速万向节		
	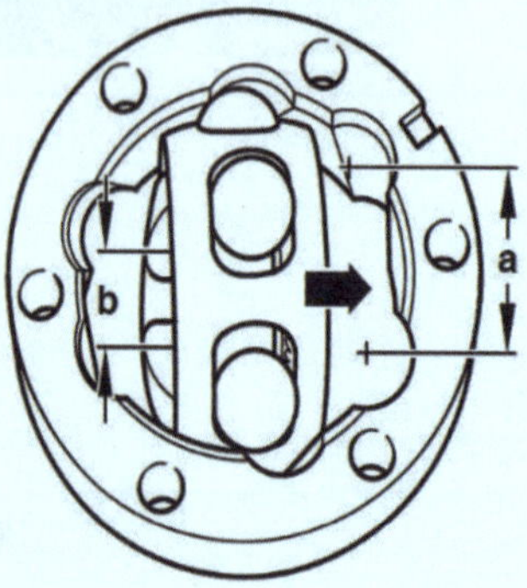 a b	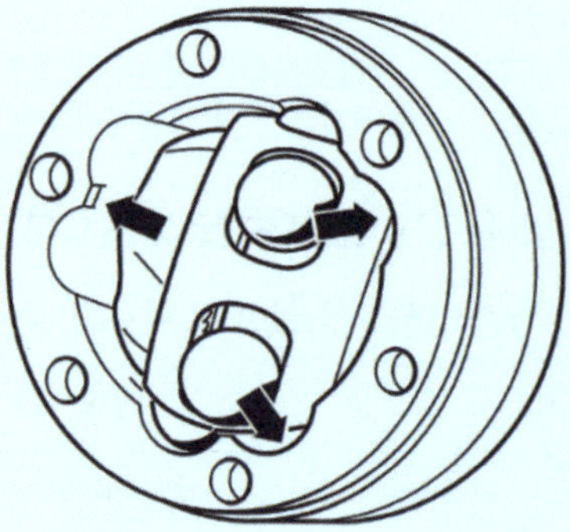

微组织 11：教师检查纠错，学生改正错误。微评价：☆☆☆☆☆

3. 结合教师示范操作、相关实操视频及下表中图片，完成传动轴总成组装计划，见表 4-1-9。

表 4-1-9　传动轴总成组装工作计划表

序号	步　骤	图　片
1	安装新的卡环，必要时将新的外万向节保护套安装到传动轴上	—
2	用塑料锤将外等速万向节敲到轴上，直至卡入卡环	—
3		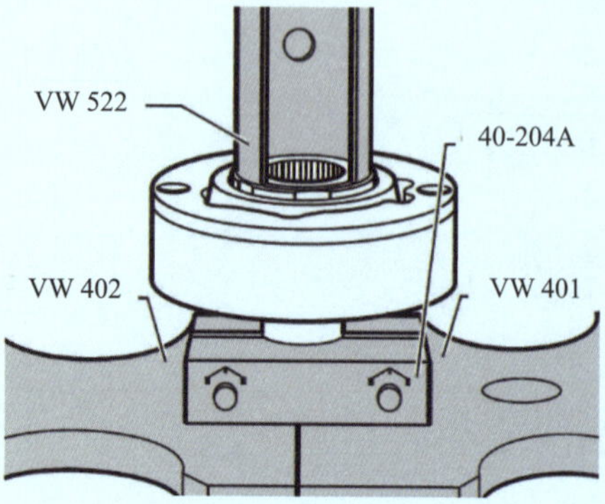 VW 522 40-204A VW 402 VW 401

续表

序号	步　　骤	图　　片
4		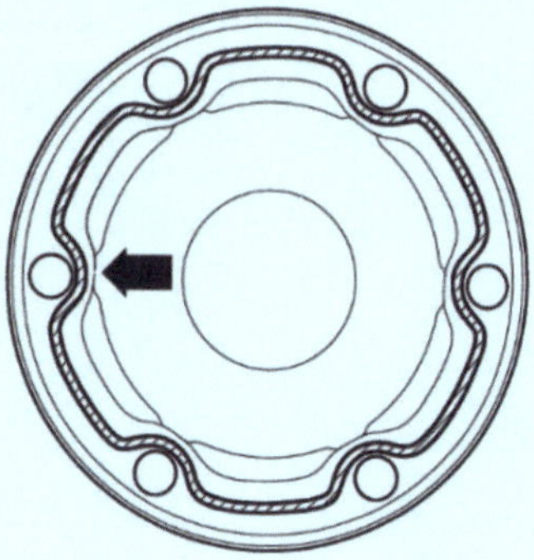
5		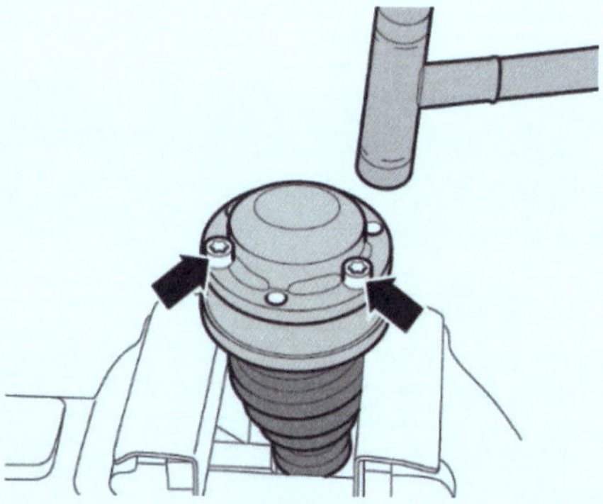
6		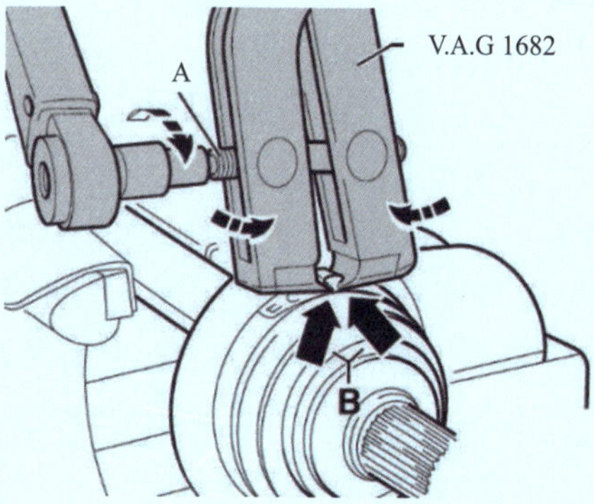 V.A.G 1682 A B
7	用同样的方法，夹紧传动轴内等速万向节上的大、小卡箍	—

微组织 12：教师检查纠错，学生改正错误。微评价：☆☆☆☆☆

步骤六：安装、试车

1. 结合维修手册，制订右传动轴总成的安装计划，见表 4-1-10。

表 4-1-10　安装右传动轴总成工作计划表

工序	内　容	工量辅具
1		
2		
3		
4		
5		
6		
7		
8		

微组织 13：教师检查纠错，学生改正错误。微评价：☆☆☆☆☆

2. 安装完成后，对车辆进行路试，验证故障现象是否消失，故障是否排除。

微组织 14：教师检查纠错，学生改正错误。微评价：☆☆☆☆☆

案例

案例一：一辆 1996 年产雅阁 2.3 汽车，当车速达到 100 ~ 110 km/h 时，车身抖动大。

车身抖动的常见原因主要有：行驶传动系元件动平衡不良、配合件间隙过大等。应该重点检查轮胎动平衡、半轴弯曲、球笼配合间隙等。

通过检查发现轮胎动平衡正常；检查半轴，无弯曲变形现象；举升车辆，在举升机上晃动半轴后发现半轴与内球笼的间隙较大，拆下半轴清洗后检查，发现内球笼内壁磨损出一道沟痕。

更换有故障的内球笼，故障排除。

案例二：一辆 2014 年产马自达 CX-5 汽车，行驶里程约为 45 000 km，因行驶时有“嗡嗡”的异响而进厂检修。接车后试车验证故障现象，发现车速超过 20 km/h，就能清晰地听到“嗡嗡”声。根据故障现象，初步判断故障原因可能是轮胎问题、轴承问题等。

用举升机将车辆举升，让车辆在 D 挡空转，很明显发现是传动轴中间的过桥轴承发出声音，用听诊器测试，可以判断为传动轴中间过桥轴承问题。

更换过桥轴承，故障排除。

任务二　维修变速箱机电控制单元

步骤一：故障现象确认

1. 客户反映自己的 2018 款大众迈腾 B8L 汽车放置一晚上时间，打开点火开关后仪表盘有时会偶然提示“变速箱损坏”。与客户一同试车，发现车辆故障现象与客户描述的一致。据了解，此车只在市区使用，无电子加装设备及零部件维修更换记录，底盘及车身无任何磕碰痕迹。

使用故障诊断仪 VAS6150B 进行检测。17 仪表板报故障码“U112100：数据总线丢失信息，被动 / 偶发”；02 变速箱电控系统报故障码“U010000：发动机控制单元无通信，被动 / 偶发”。使用万用表对相关线路及插接器进行检查，未发现异常。怀疑 J533 或 J743 内部故障，本着由简到繁的维修原则，先更换 J743。

2. 结合上述故障现象确认，归纳当汽车出现以上故障现象时的故障代码有哪些，并填写图 4-2-1 中的空格。

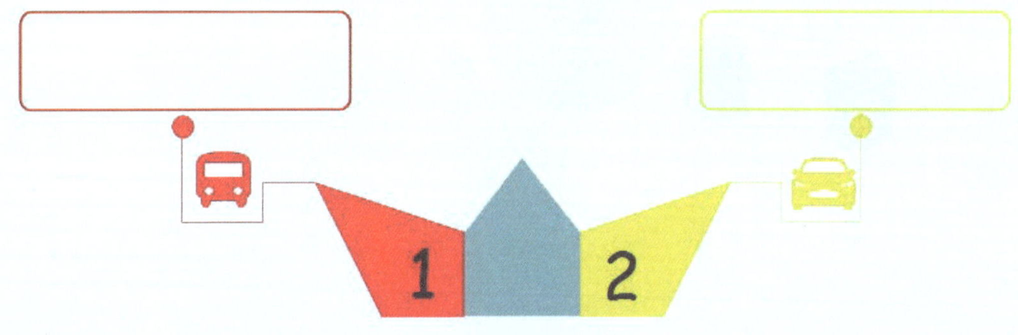

图 4-2-1　故障代码归纳图

微组织 1：教师检查纠错，学生改正错误。微评价：☆☆☆☆☆

步骤二：作业准备

请认真列出作业准备项目和内容，对照维修变速箱机电控制单元作业准备情况检查表核准检查项目内容，见表 4-2-1。若已准备好，请在方框内画上“√”；若有遗漏，请补充后画上“√”。

表 4-2-1　维修变速箱机电控制单元作业准备情况检查表

项目	内　容
作业场地	选择带有消防设施的作业场地□
设备设施	举升机□　故障诊断仪□　旧油收集和抽吸装置□　机油加注装置适配器□
工量辅具	常用工具套件□　加注接头□　扭力扳手□　翼子板布□
耗材	变速箱齿轮油□　机电控制单元□　手套□　抹布□　防护三件套□

微组织 2：教师检查纠错，学生改正错误。微评价：☆☆☆☆☆

步骤三：拆卸变速箱机电控制单元

1. 查阅教材，掌握并复述变速箱的相关知识，结合图 4-2-2 在右侧空白表格中默写变速箱各组成零件的名称。

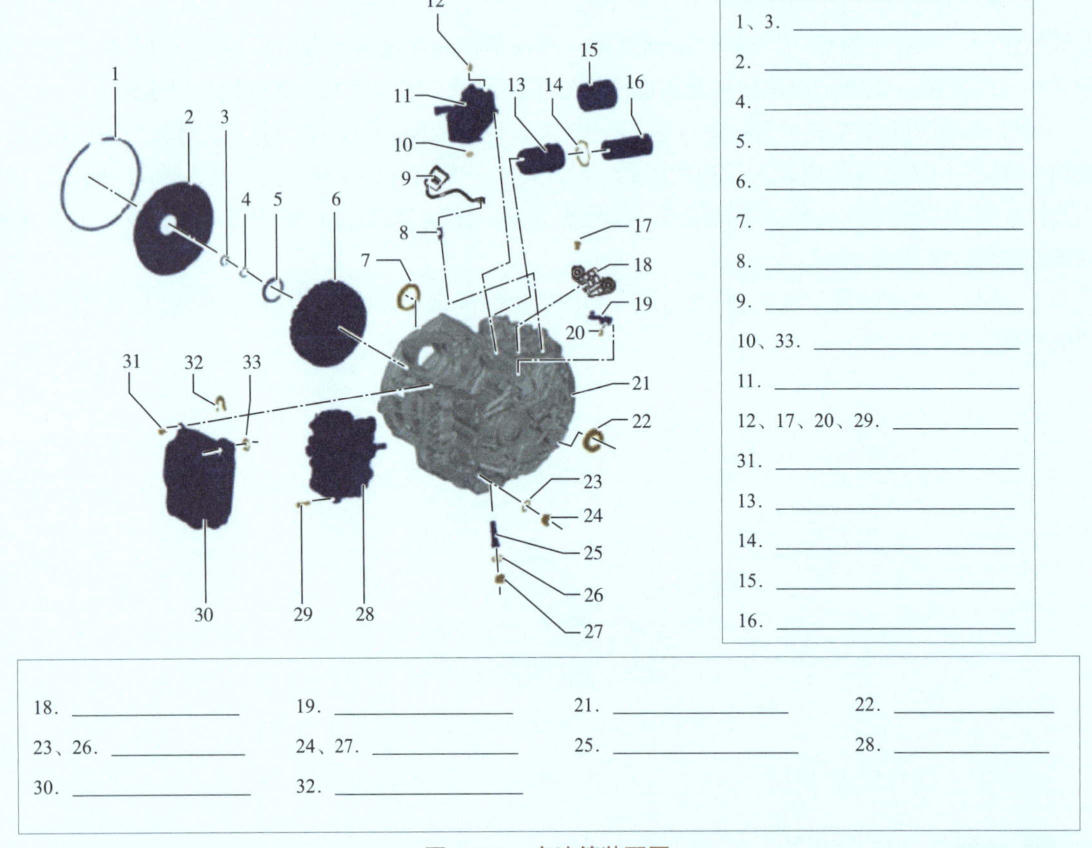

图 4-2-2　变速箱装配图

微组织 3：教师检查纠错，学生改正错误。微评价：☆☆☆☆☆

2. 结合教师示范操作、相关实操视频及下表中图片，制订拆卸变速箱机电控制单元计划，见表 4-2-2。

表 4-2-2　拆卸变速箱机电控制单元工作计划表

序号	步　骤	图　片
1	将换挡杆置于“P”挡，关闭点火开关后，断开蓄电池接地线，拆卸发动机舱底部隔音板，拆卸左前轮罩内板，确保变速箱齿轮油温度不高于 45℃	—
2		1 2

续表

序号	步　骤	图　片
3		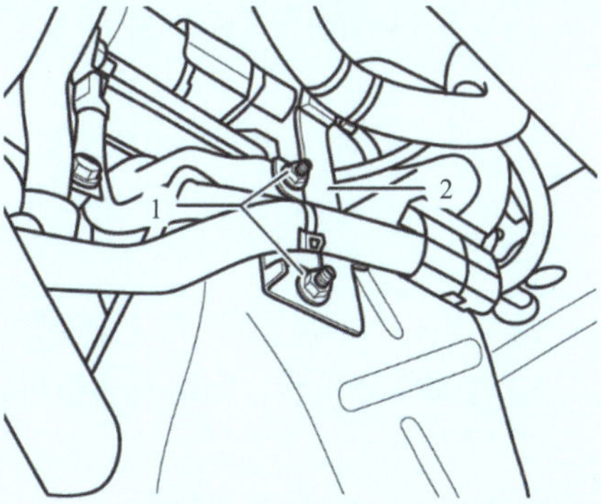
4		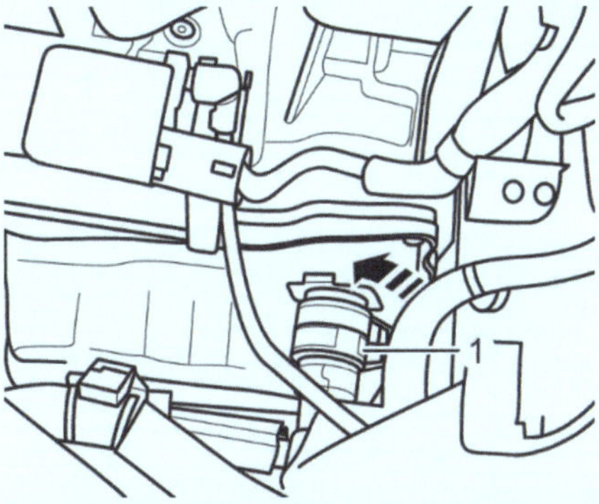
5		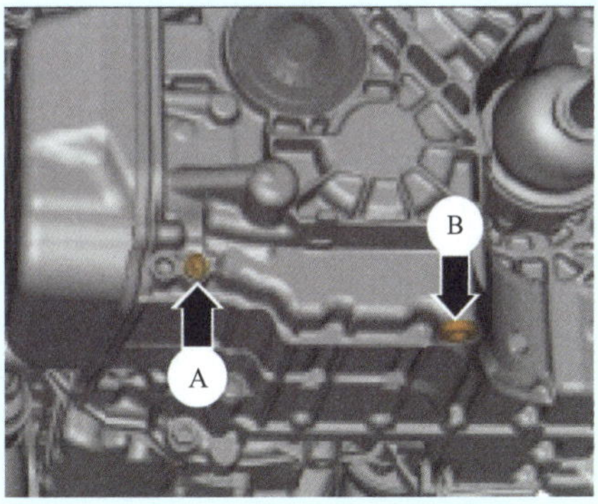
6	更换放油螺塞的垫片，拆卸油位管，并让齿轮油流出，从机电控制单元中旋出放油螺塞 A	—
7		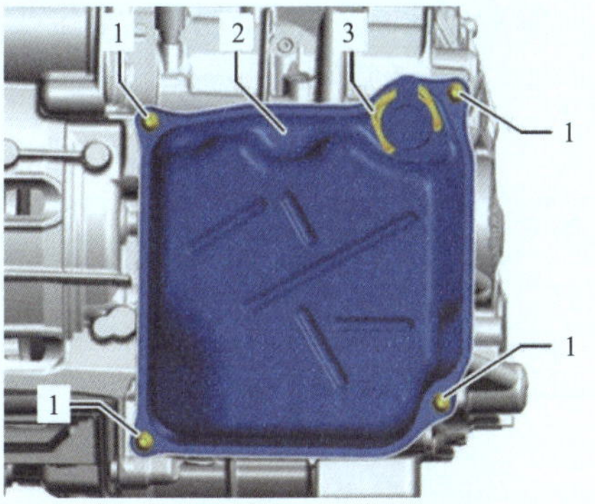

续表

序号	步　骤	图　片
8	以对角方式旋出螺栓，取下机电控制单元	—
9	在拿起和放下机电控制单元时，注意手持于机电控制单元壳体和电磁阀上	—
10	将机电控制单元置于合适地方，要求有传感器的一侧朝上	—

微组织 4：教师检查纠错，学生改正错误。微评价：☆☆☆☆☆

3．查阅维修手册，归纳变速箱齿轮油排放和添加原则，见表 4-2-3。

表 4-2-3　变速箱齿轮油排放和添加原则

序号	内　容	
1		
2		
3		
4		
5		40℃
6		
7		
8		
9		
10		
11		

微组织 5：教师检查纠错，学生改正错误。微评价：☆☆☆☆☆

4．结合教师的示范操作及下表中图片，整理出变速箱齿轮油添加方法，将表 4-2-4 填写完整。

表 4-2-4　变速箱齿轮油添加方法

序号	内　容
1	
2	
3	

续表

序号	内　　容	
4		a 6262A
5		VAS 6262A
6		
7		
8		
9		
10		
11		
12		
13		

微组织 6：教师检查纠错，学生改正错误。微评价：☆☆☆☆☆

步骤四：更换变速箱机电控制单元

1. 结合维修手册，制订变速箱机电控制单元的更换计划，见表 4-2-5。

表 4-2-5　更换变速箱机电控制单元工作计划表

工序	内　　容	工量辅具
1		
2		
3		
4		

续表

工序	内　　容	工量辅具
5		
6		
7		
8		

微组织 7：教师检查纠错，学生改正错误。微评价：☆☆☆☆☆

2. 根据拆卸计划实施拆卸操作，总结并写出本任务关于变速箱机电控制单元的拆装原则。

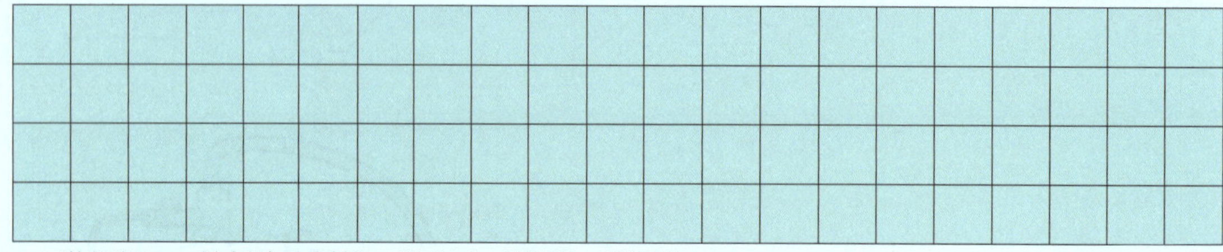

微组织 8：教师检查纠错，学生改正错误。微评价：☆☆☆☆☆

3. 结合教师的示范操作及下表中图片，梳理出齿轮油滤清器的更换方法，将表 4-2-6 填写完整。

表 4-2-6　齿轮油滤清器更换方法

序号	内　　容	
1		
2		
3		
4		

微组织 9：教师检查纠错，学生改正错误。微评价：☆☆☆☆☆

步骤五：变速箱机电控制单元防盗匹配

1. 结合相关实操视频及下表中图片，完成变速箱机电控制单元防盗匹配工作计划，见表 4-2-7。

表 4-2-7　变速箱机电控制单元防盗匹配工作计划表

序号	步　骤	图　片
1	连接带 ODIS 的故障诊断仪 VAS6150B，检查网络是否正常	—
2		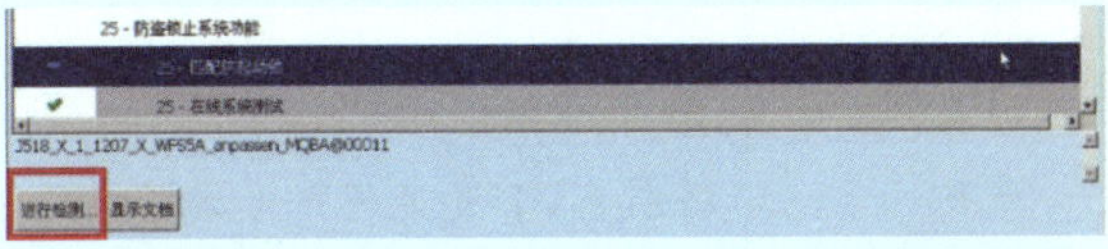
3		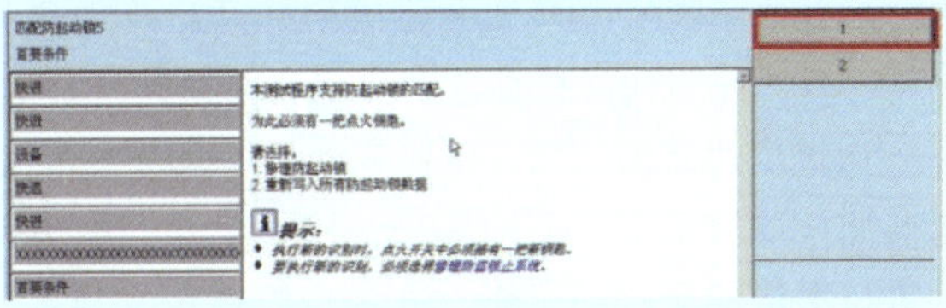
4		
5		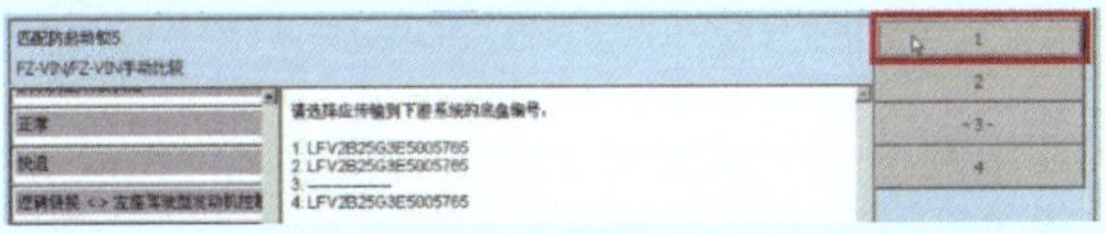
6		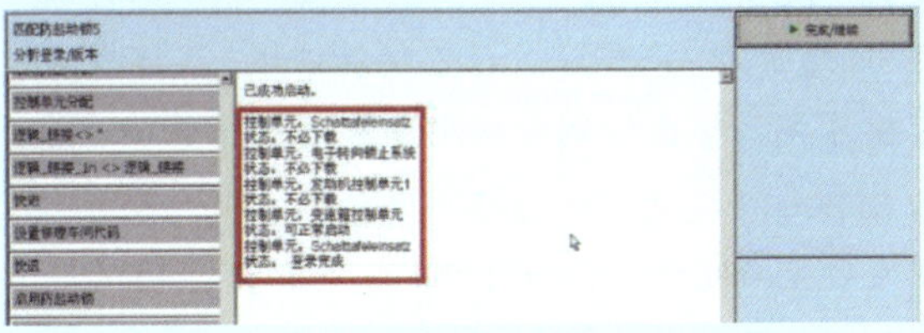
7	至此，变速箱机电控制单元 J743 防盗匹配操作完成	—

微组织 10：教师检查纠错，学生改正错误。微评价：☆☆☆☆☆

2. 查阅相关资料，整理出大众第五代防盗系统与第四代防盗系统的区别，并完成表 4-2-8。

表 4-2-8　大众第五代防盗系统与第四代防盗系统的区别

区　别　项	第　四　代	第　五　代
更换防盗组件后，进行防盗系统匹配时		
更换防盗组件时		
如果是装备双离合变速箱的	防盗系统不包括变速箱控制单元	
发动机控制单元		
元件保护	无	WFS5 增加了“元件保护”功能
加密方式	芯片序列号识别运算技术	

微组织 11：教师检查纠错，学生改正错误。微评价：☆☆☆☆☆

步骤六：基本设置、试车

1. 结合维修手册，使用故障诊断仪对变速箱机电控制单元进行基本设置。

微组织 12：教师检查纠错，学生改正错误。微评价：☆☆☆☆☆

2. 完成后，对车辆进行路试，验证故障现象是否消失，故障是否排除。

微组织 13：教师检查纠错，学生改正错误。微评价：☆☆☆☆☆

案例

案例一：一辆搭载 CVT 变速器的长城汽车，用户反映在行驶时车辆底盘前部发出"嗡嗡"异响，而且随着发动机转速和车速的提升，异响会越来越大，而车辆空挡怠速时则无异响。维修人员试车确认异响确实存在，于是举升车辆并用听诊器检查，最终确认异响来自变速器内部。

通过变速器油位检查孔检查油量，能够正常流出约 0.2 L 齿轮油，而且变速器油质正常。将变速器油全部放出后拆下油底壳，检查变速器内部及油底壳无异常磨损的铁屑，排除了变速器传动钢带打滑造成异响的可能。进一步检查变速器主、从动带轮轴承的磨损情况，先用专用工具将变速器油泵和主动带轮拆下，然后用手转动主动带轮轴承，发现轴承运转有轻微的卡滞感，而转动新轴承时则灵活，无卡滞，由此判定是轴承内部存在异常磨损。

更换变速器主动带轮轴承，按维修手册要求组装变速器并加注变速器油，试车，故障排除。

案例二：一辆 2015 款别克英朗汽车，搭载 6T30 变速器，累计行驶里程约为 20 万公里。车主反映，起动发动机，踩下制动踏板，换挡杆不能从驻车挡 (P 挡) 移出。将发动机熄火，等待一段时间，重新起动发动机，踩下制动踏板，换挡杆又能从 P 挡移出。接车后首先试车，踩下制动踏板，变速器换挡锁止控制电磁阀没有发出解锁的声音，此时换挡杆不能从 P 挡移出。让另外一名维修人员察看制动灯，制动灯能够正常点亮。观察组合仪表，组合仪表没有挡位信息显示。将发动机熄火后重新起动，换挡杆操纵恢复正常，确认车主反映的故障现象属实。

用故障诊断仪检测，系统无相关故障代码存储。维修人员先后检查了 BCM 及其相关连接线束、换挡杆操纵机构，均未发现任何异常。读取变速器数据流，当故障现象出现时，发现变速器内部模式开关 A/B/C/P 的值为"低低低低"，内部模式开关的值为"驾驶"。找来一辆正常车，读取正常车的变速器数据流，发现变速器内部模式开关 A/B/C/P 的值为"低高高低"，内部模式开关的值为"驻车"。根据上述检查，初步判断变速器挡位信号出现异常，将故障范围缩小至变速器内部模式开关、变速器控制模块及其相关线路上。由于更换变速器控制模块需要编程且匹配过程比较复杂，于是决定从变速器内部模式开关先着手检查。拆检变速器内部模式开关，未发现触点开关存在断裂及异常磨损现象。测量各触点开关连接线，未发现连接线存在断路或短路故障，至此判定为变速器控制模块故障。

更换变速器控制模块，故障排除。

任务三　维修离合器

步骤一：故障现象确认

1. 客户反映自己的 2018 款大众迈腾 B8L 汽车在车辆起步时，有较大冲击，离合器抖动严重，低速挡位间变换时也会产生抖动，但在高速挡位时抖动逐渐消失，驾驶舒适性很差。与客户一同试车，发现车辆故障现象与客户描述的一致。

使用故障诊断仪 VAS6150B 对车辆进行自诊断，进入 02 变速箱电控系统检测数据流，分别得到 95-1 和 97-1、115-1 和 117-1 两组数据，生成双离合器的特性曲线，计算得出 K1、K2 的间隙值，发现 K2 的间隙值为 1.4，超出标注值范围，初步判断为双离合器故障，需要更换双离合器。

2. 结合上述故障现象确认，归纳当汽车出现以上故障现象时的故障原因可能有哪些，并填写图 4-3-1 中的空格。

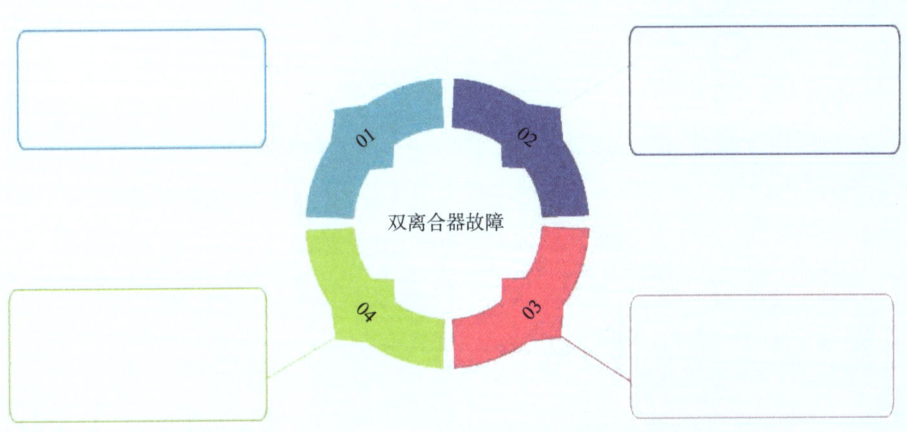

图 4-3-1　故障原因分析图

微组织 1：教师检查纠错，学生改正错误。微评价：☆☆☆☆☆

步骤二：作业准备

请认真列出作业准备项目和内容，对照“维修离合器作业准备情况检查表”核准检查项目内容，见表 4-3-1。若已准备好，请在方框内画上“√”；若有遗漏，请补充后画上“√”。

表 4-3-1　维修离合器作业准备情况检查表

项　目	内　容
作业场地	选择带有消防设施的作业场地□
设备设施	举升机□　故障诊断仪□　支撑装置套件□　变速箱支架□　齿轮油注排设备□　发动机和变速箱千斤顶□
工量辅具	常用工具套件□　拉拔器□　扭力扳手□　翼子板布□　钩子□　千分表□　各类专用工具□
耗材	变速箱齿轮油□　双离合器□　手套□　抹布□　防护三件套□

微组织 2：教师检查纠错，学生改正错误。微评价：☆☆☆☆☆

步骤三：拆卸变速箱

1. 查阅教材，掌握并复述离合器的相关知识，结合图 4-3-2 在右侧空白表格中默写离合器各组成零件的名称。

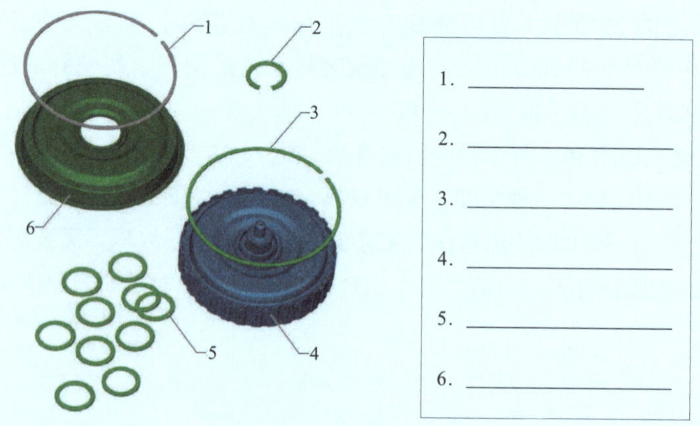

图 4-3-2 离合器组成图

微组织 3：教师检查纠错，学生改正错误。微评价：☆☆☆☆☆

2. 结合教师示范操作、相关实操视频及下表中图片，制订拆卸变速箱计划，见表 4-3-2。

表 4-3-2 拆卸变速箱工作计划表

序号	步 骤	图 片
1	排放变速箱齿轮油，拆卸发动机盖板、整个空气滤清器壳体、蓄电池支架	—
2		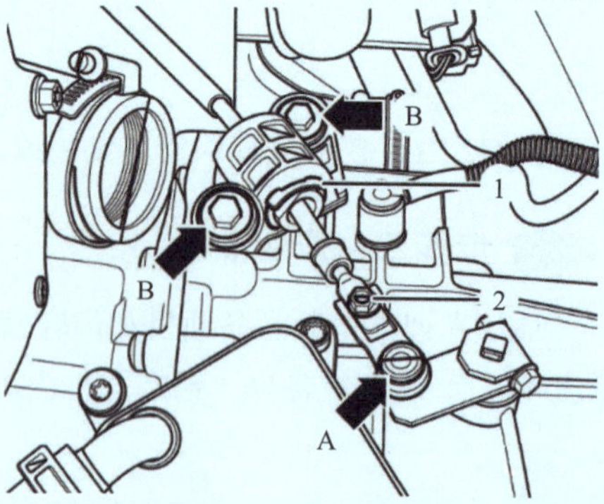
3		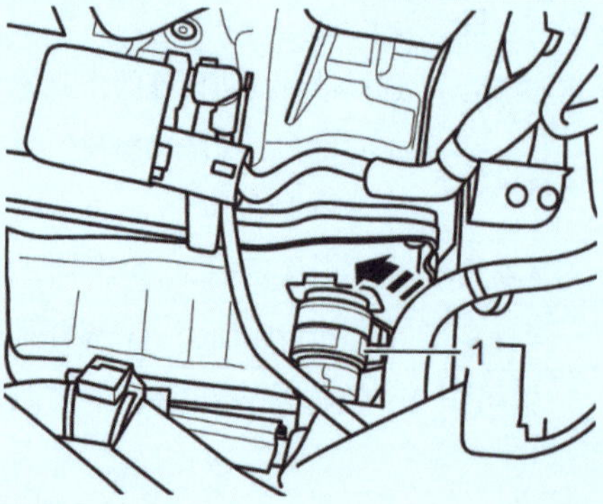

续表

序号	步　　骤	图　　片
4		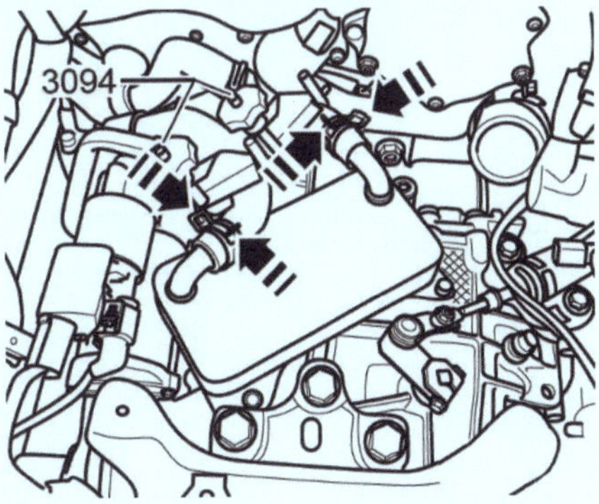 3094
5		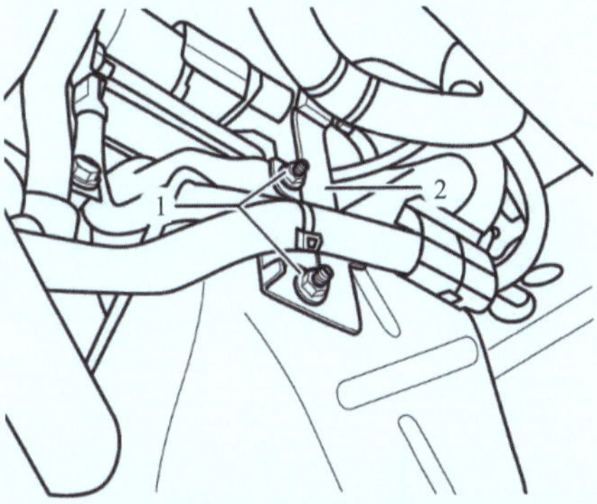 1 2
6		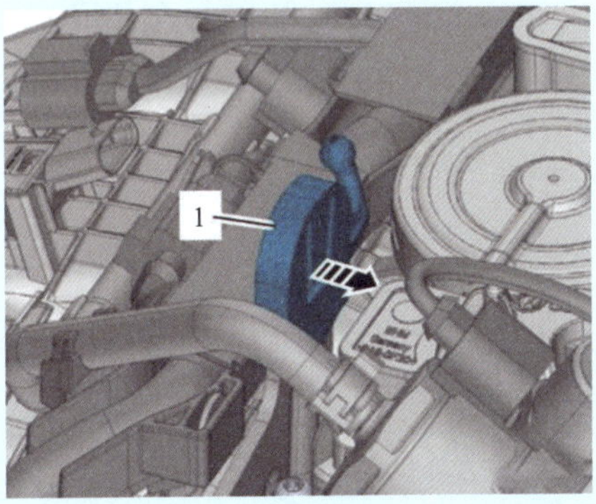 1
7		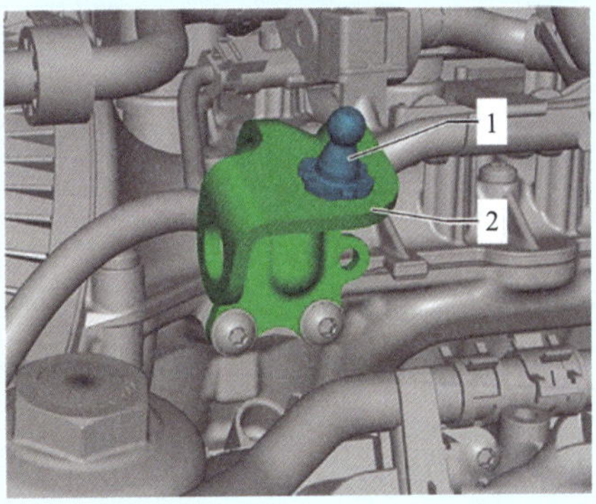 1 2

续表

序号	步　骤	图　片
8		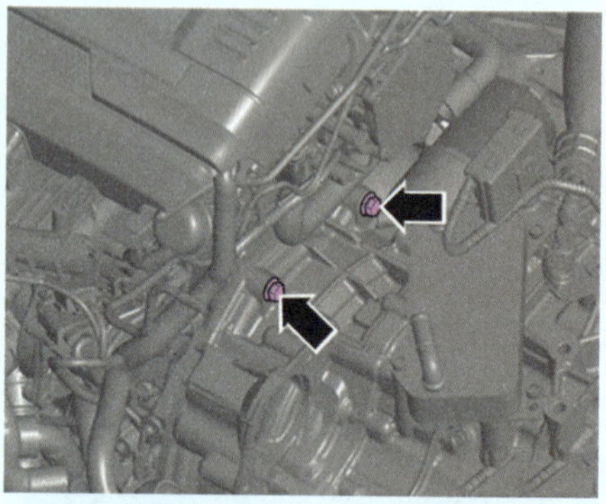
9		
10	拆卸发动机舱底部隔音板，拆下左侧车轮，拆卸左侧轮罩内板、左侧传动轴	—
11		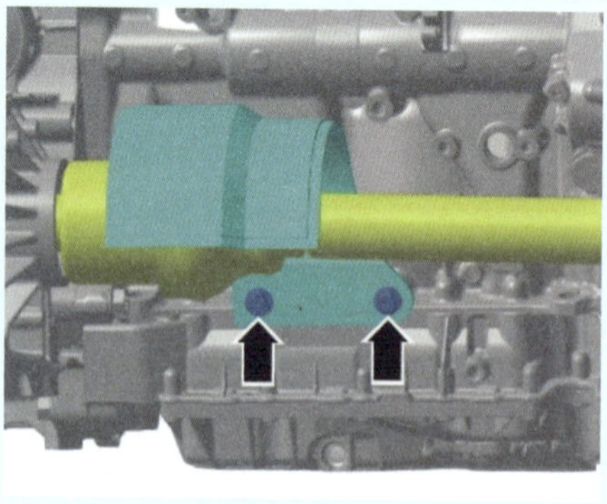
12		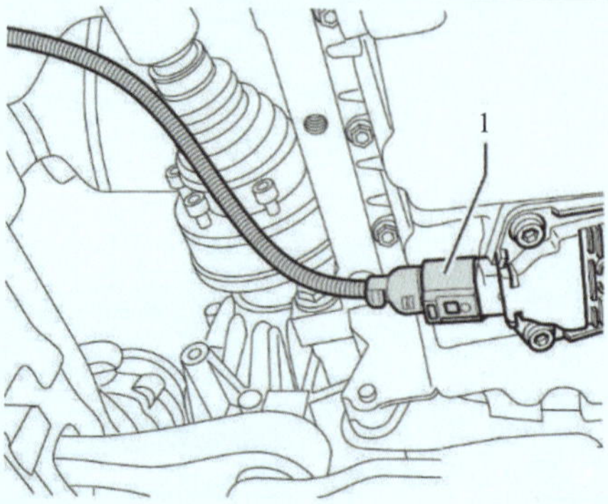 1

续表

序号	步　骤	图　片
13		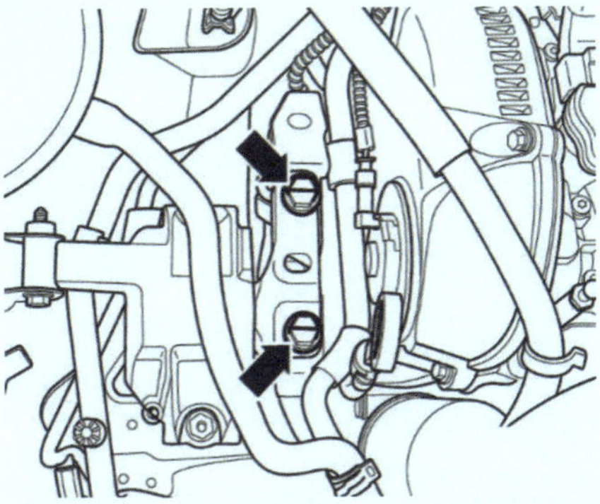
14		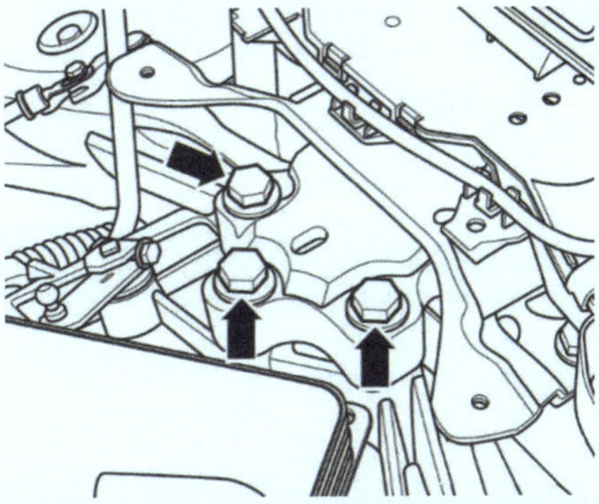
15		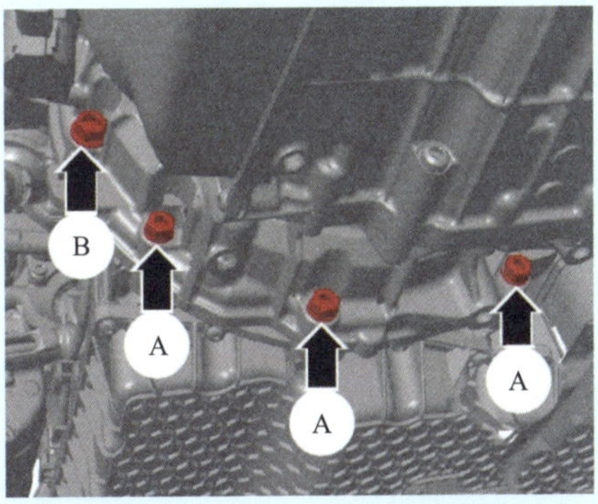 B A A A
16		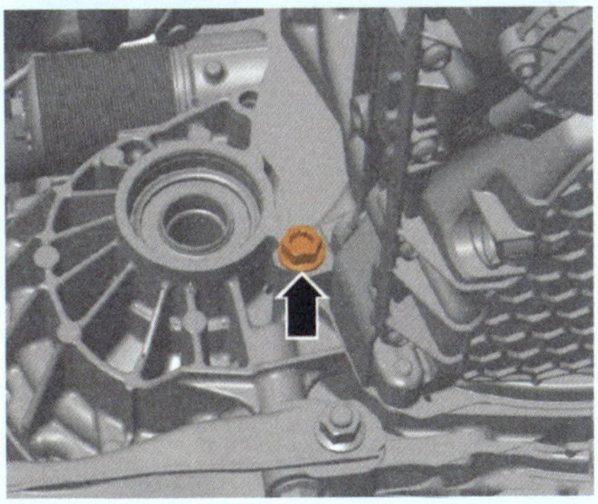
17	用支撑装置的丝杠稍微降低发动机和变速箱，将变速箱从定位销上拉出	—

续表

序号	步　　骤	图　　片
18		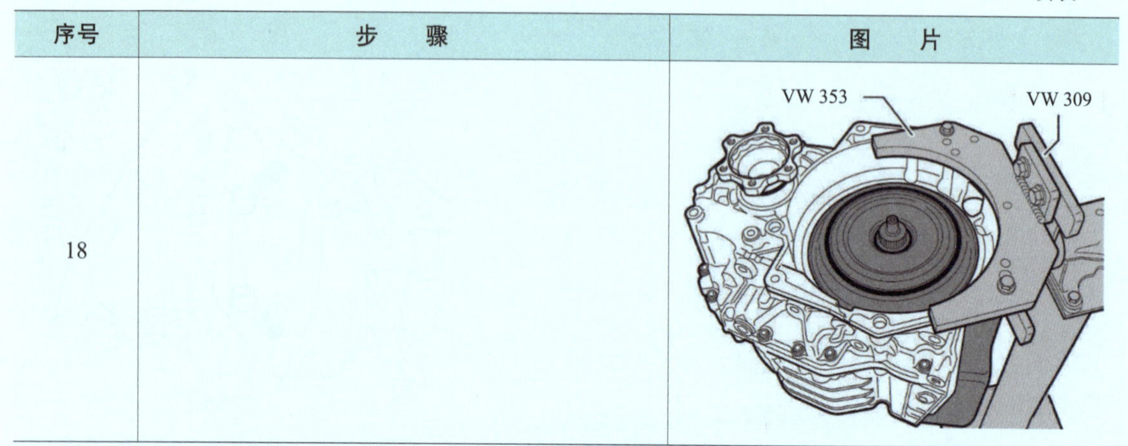

微组织 4：教师检查纠错，学生改正错误。微评价：☆☆☆☆☆

3．查阅维修手册结合下表中的图片，归纳千斤顶和变速箱支架的安装方法，见表 4-3-3。

表 4-3-3　千斤顶和变速箱支架安装方法

序号	步　　骤	图　　片
1		
2		
3		

微组织 5：教师检查纠错，学生改正错误。微评价：☆☆☆☆☆

4. 结合教师的示范操作及下表中图片，整理出变速箱运输和固定方法，将表 4-3-4 填写完整。

表 4-3-4　变速箱运输和固定方法

序号	步　骤	图　片
1		—
2		—
3		—
4		VAS 6100 2024A VW 353 VW 309
5		VW 355 VW 309

微组织 6：教师检查纠错，学生改正错误。微评价：☆☆☆☆☆

步骤四：拆卸、更换离合器

1. 结合维修手册，制定离合器的拆卸计划，见表 4-3-5。

表 4-3-5　拆卸离合器工作计划表

工序	内　容	工量辅具
1		
2		
3		
4		
5		
6		
7		

微组织 7：教师检查纠错，学生改正错误。微评价：☆☆☆☆☆

2．根据拆卸计划实施拆卸操作，总结并写出本任务关于离合器的拆装原则。

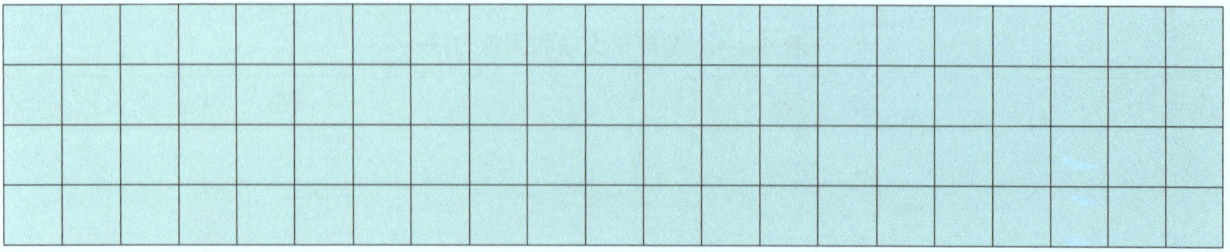

微组织 8：教师检查纠错，学生改正错误。微评价：☆☆☆☆☆

3．结合教师的示范操作及下表中图片，梳理出离合器的安装方法，将表 4-3-6 填写完整。

表 4-3-6　离合器安装方法

序号	步　骤	图　片
1	将离合器从包装中小心地取出，用手转动双离合器轴上的四个活塞环，它们必须能够灵活转动	—
2		
3	安装之前，检查离合器上是否存在标记，如果没有，则标记，安装离合器盘定位工具至凹槽处	—
4	小心地安装离合器，不要让其掉落进去，如有必要，安装离合器时可轻微转动	—
5	如果离合器盘定位工具与双离合器之间几乎无任何间隙，则表明双离合器安装正确	—
6	使用螺丝刀沿箭头方向撬出驱动盘上的卡环，将卡环保留，不要丢弃	—
7	将拉拔器安装到驱动盘的花键上，拉出驱动盘，并将其置于一侧	—
8	离合器盘定位工具仍保持安装状态，暂时安装原拆卸下来的卡环	—
9	进行三次测量后，确定所选垫片的厚度达到要求后，安装新卡环	—
10	对准标记，将驱动盘安装至双离合器上，并安装驱动盘卡环	—

续表

序号	步　骤	图　片
11	从离合器和壳体之间拆卸离合器盘定位工具	—
12		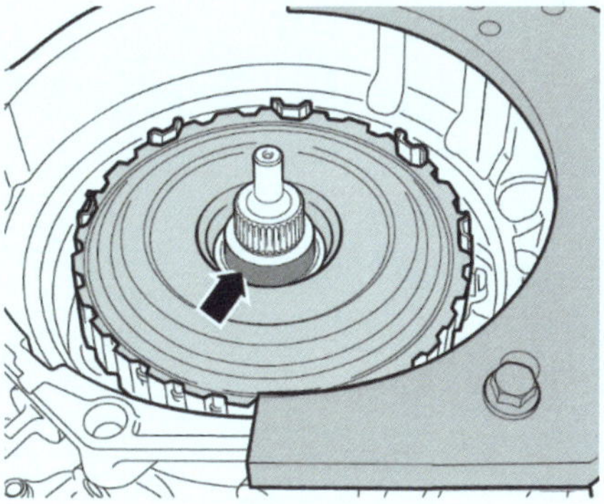
13		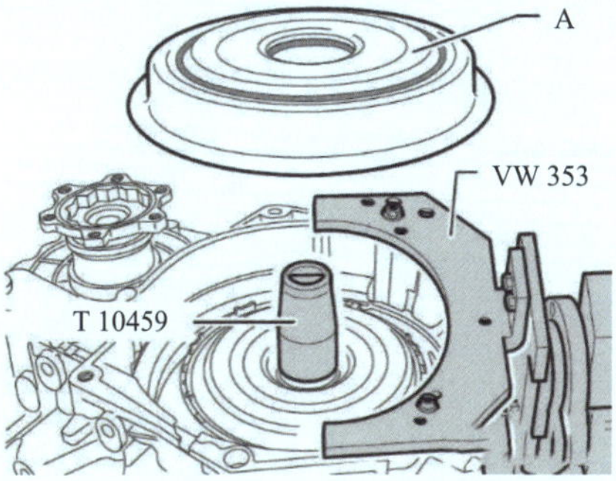 A VW 353 T 10459
14		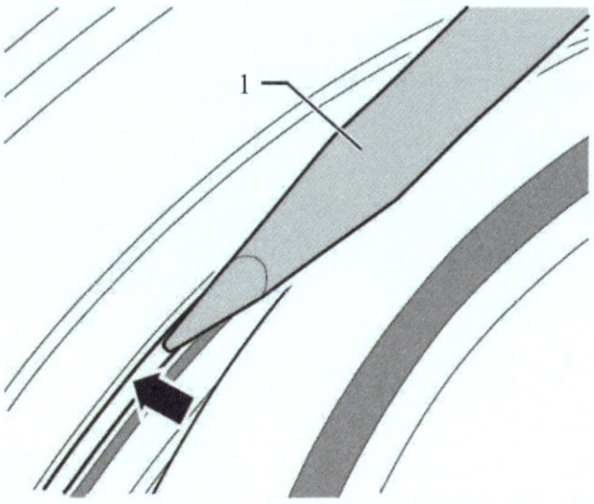 1
15	安装新的卡环，取下装配工具，更换离合器，操作完成	—

微组织 9：教师检查纠错，学生改正错误。微评价：☆☆☆☆☆

4．结合教师的示范操作及下表中图片，总结安装离合器过程中的三次测量方法，将表 4-3-7 填写完整。

表 4-3-7　安装离合器过程中三次测量方法

次序	步　骤	图　片
第一次		
第二次		
第三次		

微组织 10：教师检查纠错，学生改正错误。微评价：☆☆☆☆☆

步骤五：安装变速箱、变速箱机电控制单元基本设置

1. 结合维修手册，制订变速箱的安装计划，见表 4-3-8。

表 4-3-8　变速箱安装工作计划表

工序	内　　容	工量辅具
1		
2		
3		
4		
5		
6		
7		
8		
9		
10		
11		
12		
13		

微组织 11：教师检查纠错，学生改正错误。微评价：☆☆☆☆☆

2. 查阅维修手册，整理出发动机与变速箱连接螺栓拧紧力矩技术标准，并完成表 4-3-9。

表 4-3-9　发动机与变速箱连接螺栓拧紧力矩技术标准

位　　置	螺　　栓	拧紧力矩
1	M12 × 50	
2	M12 × 50	
3	M10 × 40	
4	M12 × 60	
5	M10 × 40	
6	M12 × 60	
7，8，9	M10 × 50	
10	M12 × 60	

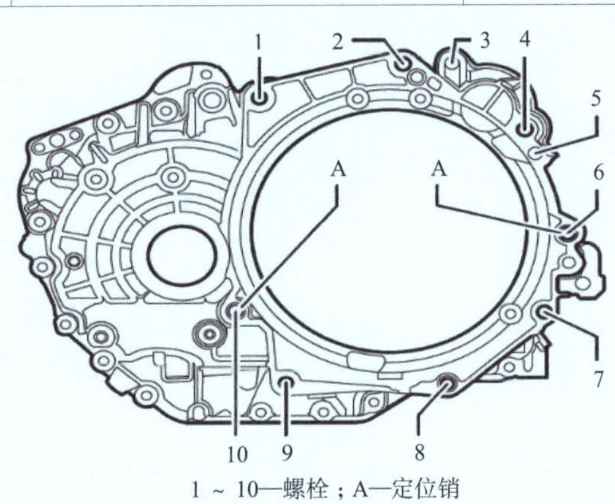

1 ~ 10—螺栓；A—定位销

微组织 12：教师检查纠错，学生改正错误。微评价：☆☆☆☆☆

3. 结合教师的示范操作及下表中图片，梳理出差速器右侧法兰轴密封圈更换方法，将表 4-3-10 填写完整。

表 4-3-10　差速器右侧法兰轴密封圈更换方法

序号	步　骤	图片
1		—
2		 1 2 3
3		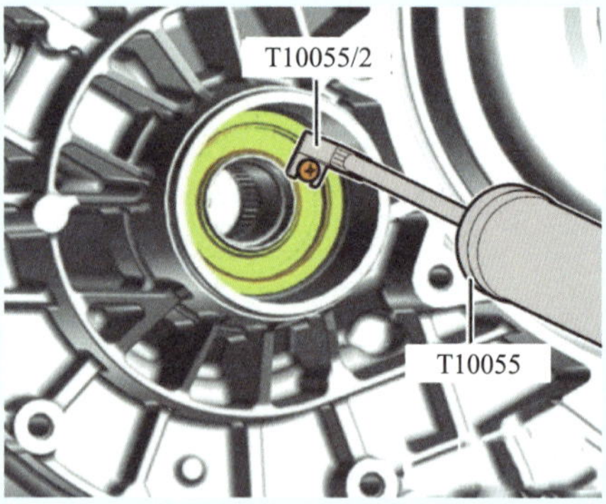 T10055/2 T10055
4		—
5		—
6		—
7		—
8		—
9		—

微组织 13：教师检查纠错，学生改正错误。微评价：☆☆☆☆☆

4．结合教师的示范操作及下表中图片，总结换挡杆拉索的拆卸方法，将表 4-3-11 填写完整。

表 4-3-11　换挡杆拉索拆卸方法

序号	步　骤	图　片
1		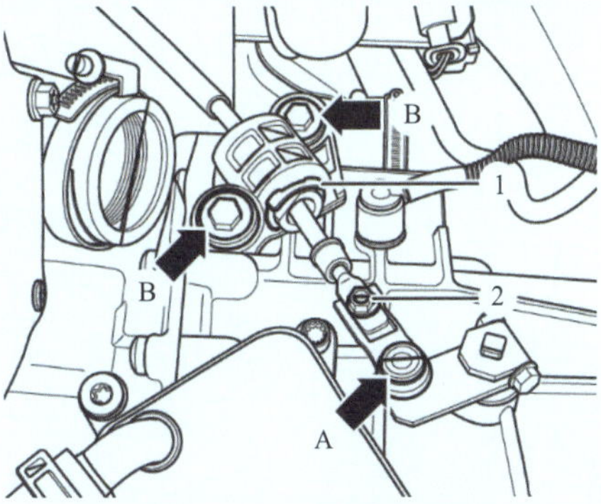 B 1 B 2 A
2		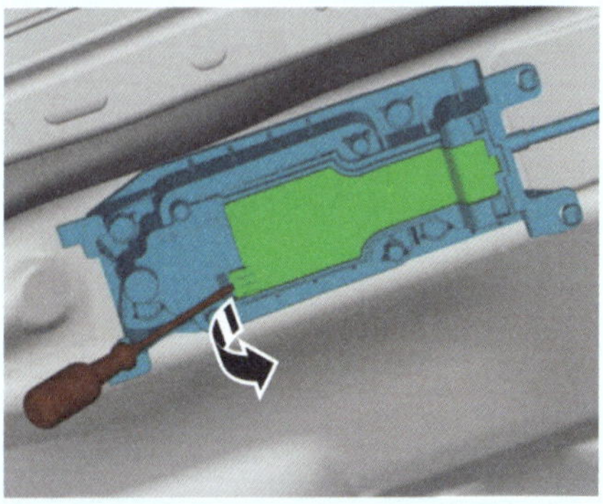
3		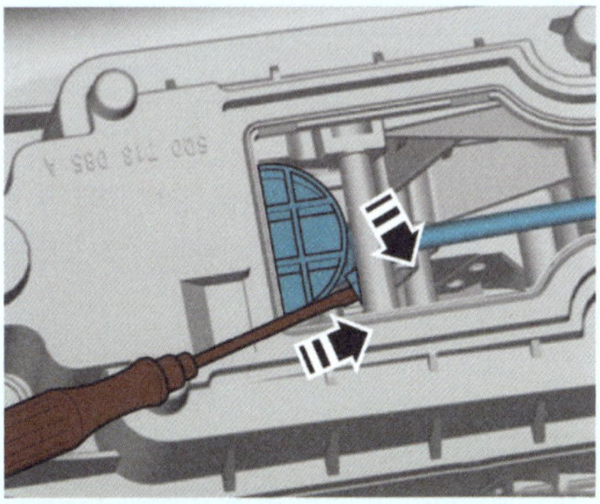
4		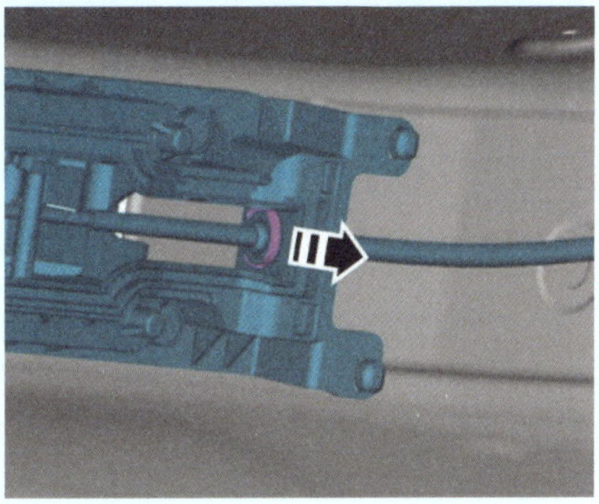

微组织 14：教师检查纠错，学生改正错误。微评价：☆☆☆☆☆

5. 结合教师的示范操作及下表中图片，归纳出换挡杆拉索的调整方法，将表 4-3-12 填写完整。

表 4-3-12　换挡杆拉索调整方法

序号	内　容
1	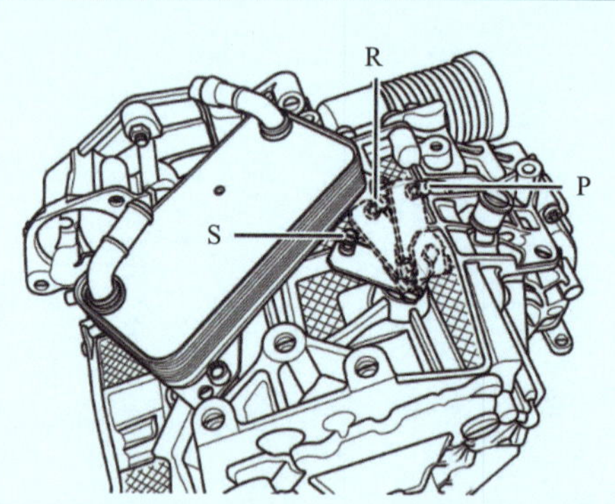
2	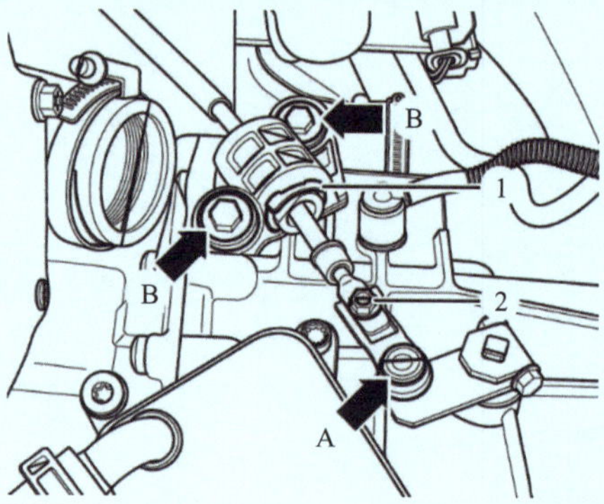
3	
4	
5	

微组织 15：教师检查纠错，学生改正错误。微评价：☆☆☆☆☆

6. 结合相关实操视频及下表中图片，完成变速箱机电控制单元基本设置的工作计划，见表 4-3-13。

表 4-3-13　变速箱机电控制单元基本设置工作计划表

序号	步　骤	图　片
1		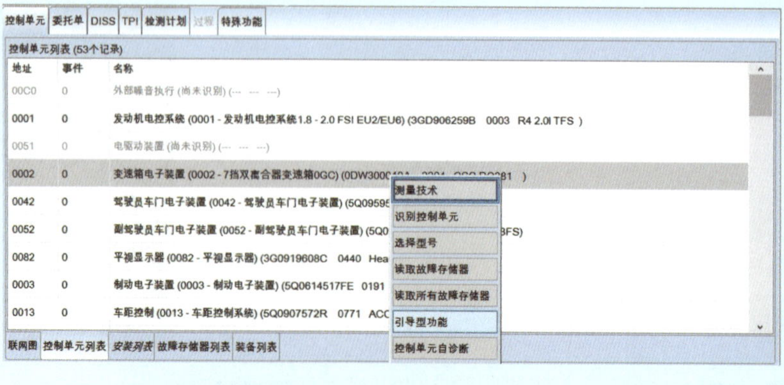

续表

序号	步　　骤	图　　片
2		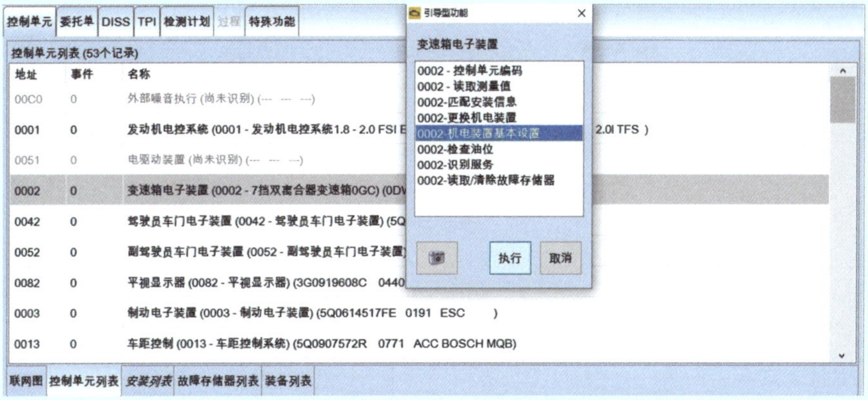 控制单元 委托单 DISS TPI 检测计划 过程 特殊功能 控制单元列表 (53个记录) 地址 事件 名称 00C0 0 外部噪音执行 (尚未识别) (--- --- ---) 0001 0 发动机电控系统 (0001 - 发动机电控系统1.8 - 2.0 FSI E ... 2.0l TFS) 0051 0 电驱动装置 (尚未识别) (--- --- ---) 0002 0 变速箱电子装置 (0002 - 7挡双离合器变速箱0GC) (0DV 0042 0 驾驶员车门电子装置 (0042 - 驾驶员车门电子装置) (5Q 0052 0 副驾驶员车门电子装置 (0052 - 副驾驶员车门电子装置) 0082 0 平视显示器 (0082 - 平视显示器) (3G0919608C 0440 0003 0 制动电子装置 (0003 - 制动电子装置) (5Q0614517FE 0191 ESC) 0013 0 车距控制 (0013 - 车距控制系统) (5Q0907572R 0771 ACC BOSCH MQB) 联网图 控制单元列表 安装列表 故障存储器列表 装备列表 引导型功能 变速箱电子装置 0002 - 控制单元编码 0002 - 读取测量值 0002-匹配安装信息 0002-更换机电装置 0002-机电装置基本设置 0002-检查油位 0002-识别服务 0002-读取/清除故障存储器 执行 取消
3		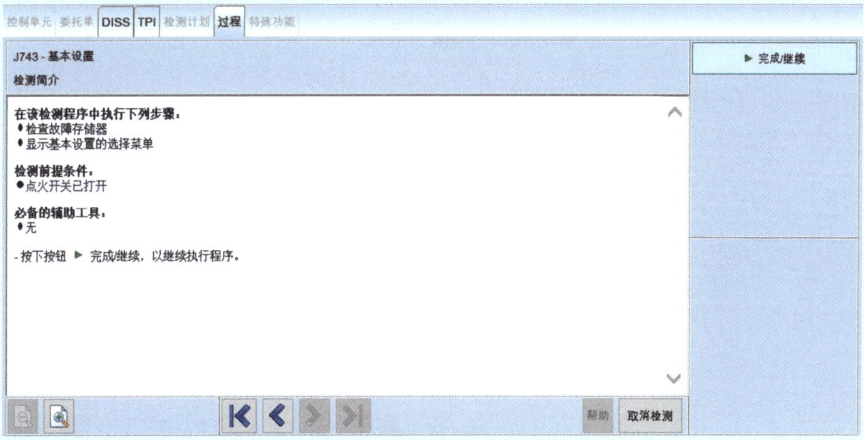 控制单元 委托单 DISS TPI 检测计划 过程 特殊功能 J743 - 基本设置 检测简介 ▶ 完成/继续 在该检测程序中执行下列步骤： • 检查故障存储器 • 显示基本设置的选择菜单 检测前提条件： • 点火开关已打开 必备的辅助工具： • 无 - 按下按钮 ▶ 完成/继续，以继续执行程序。 帮助 取消检测
4		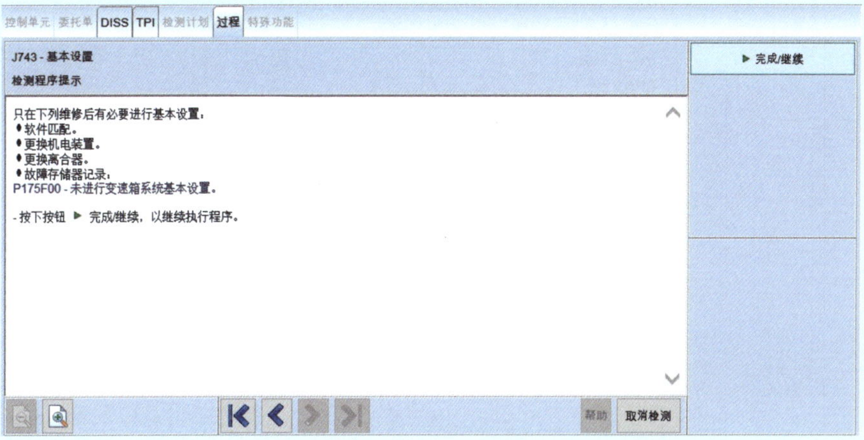 控制单元 委托单 DISS TPI 检测计划 过程 特殊功能 J743 - 基本设置 检测程序提示 ▶ 完成/继续 只在下列维修后有必要进行基本设置： • 软件匹配。 • 更换机电装置。 • 更换离合器。 • 故障存储器记录： P175F00 - 未进行变速箱系统基本设置。 - 按下按钮 ▶ 完成/继续，以继续执行程序。 帮助 取消检测

续表

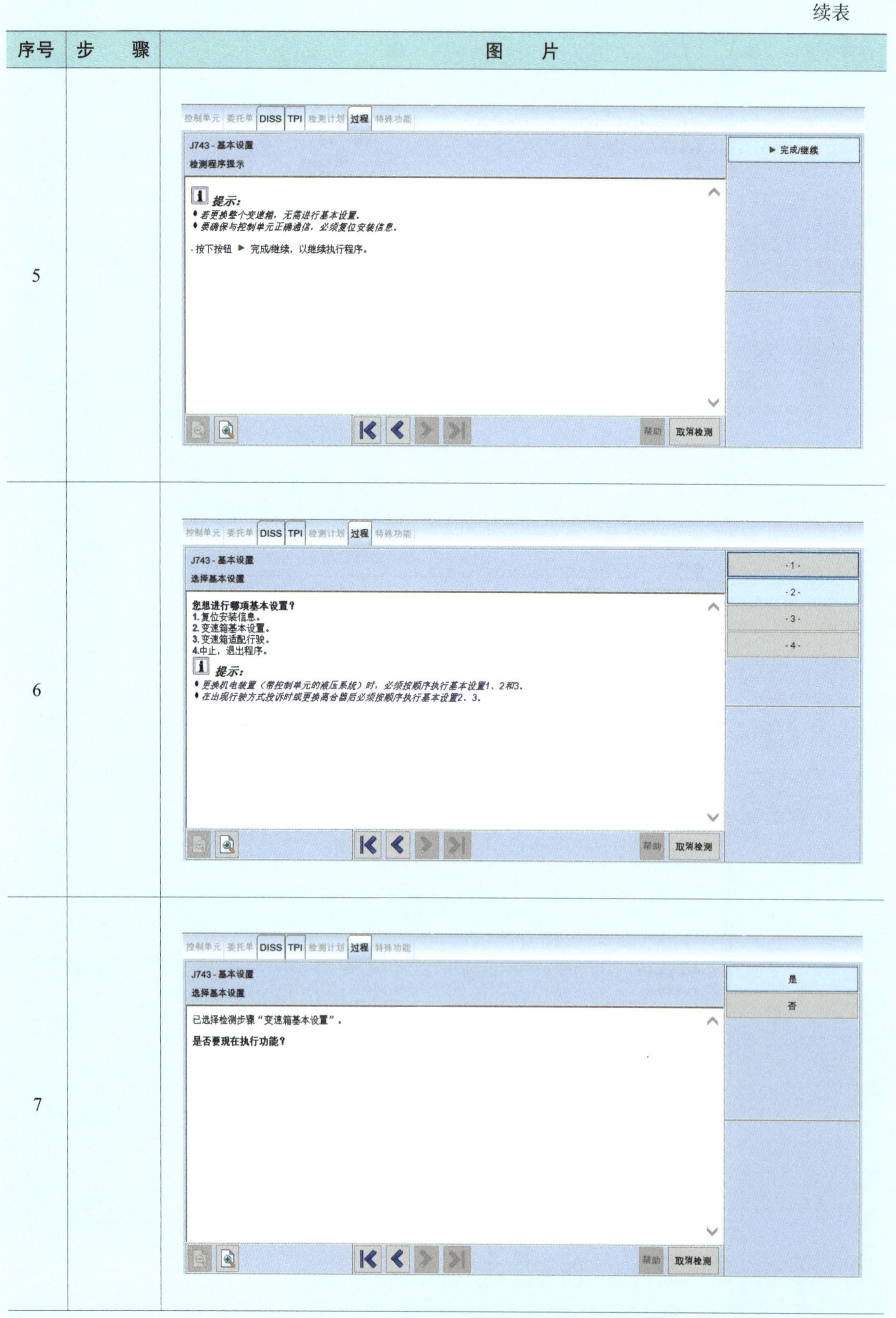

序号	步　骤	图　片
5		控制单元 委托单 DISS TPI 检测计划 过程 特殊功能 J743 - 基本设置 检测程序提示 ▶ 完成/继续 提示: • 若更换整个变速箱，无需进行基本设置. • 要确保与控制单元正确通信，必须复位安装信息. - 按下按钮 ▶ 完成/继续，以继续执行程序。 帮助 取消检测
6		控制单元 委托单 DISS TPI 检测计划 过程 特殊功能 J743 - 基本设置 选择基本设置 -1- -2- -3- -4- 您想进行哪项基本设置？ 1. 复位安装信息。 2. 变速箱基本设置。 3. 变速箱适配行驶。 4.中止，退出程序。 提示: • 更换机电装置（带控制单元的液压系统）时，必须按顺序执行基本设置1、2和3. • 在出现行驶方式投诉时或更换离合器后必须按顺序执行基本设置2、3. 帮助 取消检测
7		控制单元 委托单 DISS TPI 检测计划 过程 特殊功能 J743 - 基本设置 选择基本设置 是 否 已选择检测步骤“变速箱基本设置”。 是否要现在执行功能？ 帮助 取消检测

续表

序号	步　骤	图　片
8		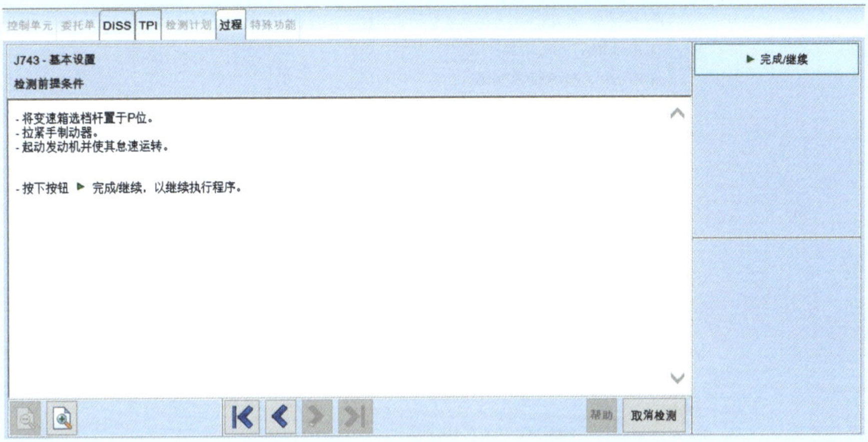 控制单元 委托单 DISS TPI 检测计划 过程 特殊功能 J743 - 基本设置 检测前提条件 - 将变速箱选档杆置于P位。 - 拉紧手制动器。 - 起动发动机并使其怠速运转。 - 按下按钮 ▶ 完成/继续，以继续执行程序。 ▶ 完成/继续 帮助 取消检测
9		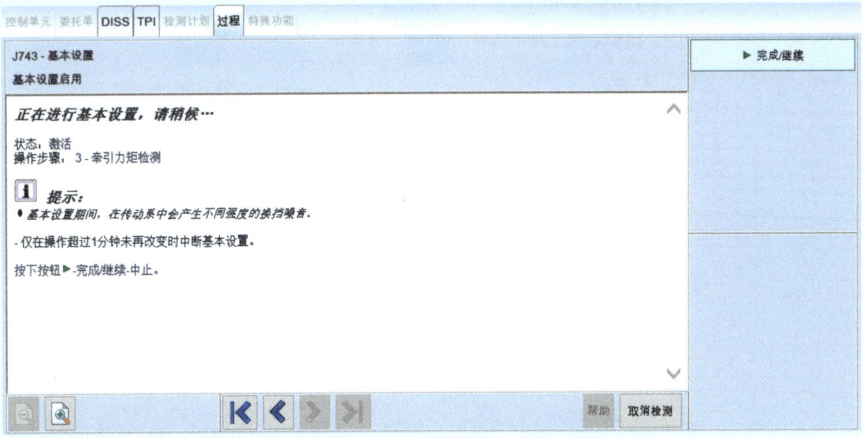 控制单元 委托单 DISS TPI 检测计划 过程 特殊功能 J743 - 基本设置 基本设置启用 *正在进行基本设置，请稍候…* 状态：激活 操作步骤：3 - 牵引力矩检测 *提示：* ● *基本设置期间，在传动系中会产生不同强度的换挡噪音。* - 仅在操作超过1分钟未再改变时中断基本设置。 按下按钮 ▶ 完成/继续-中止。 ▶ 完成/继续 帮助 取消检测
10		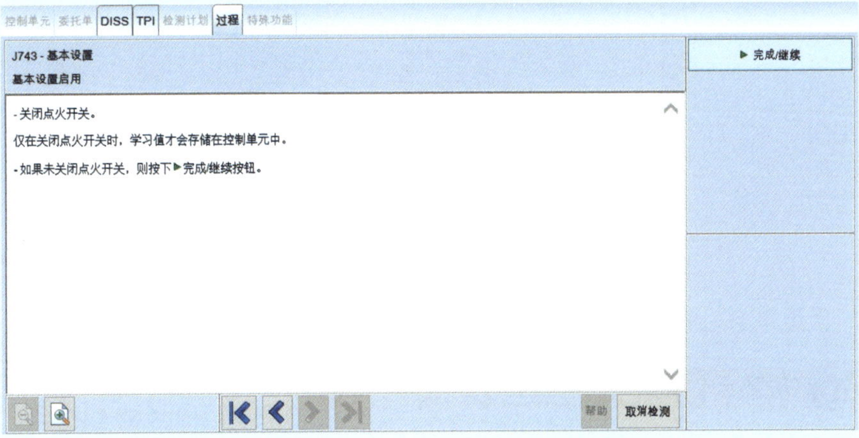 控制单元 委托单 DISS TPI 检测计划 过程 特殊功能 J743 - 基本设置 基本设置启用 - 关闭点火开关。 仅在关闭点火开关时，学习值才会存储在控制单元中。 - 如果未关闭点火开关，则按下 ▶ 完成/继续按钮。 ▶ 完成/继续 帮助 取消检测

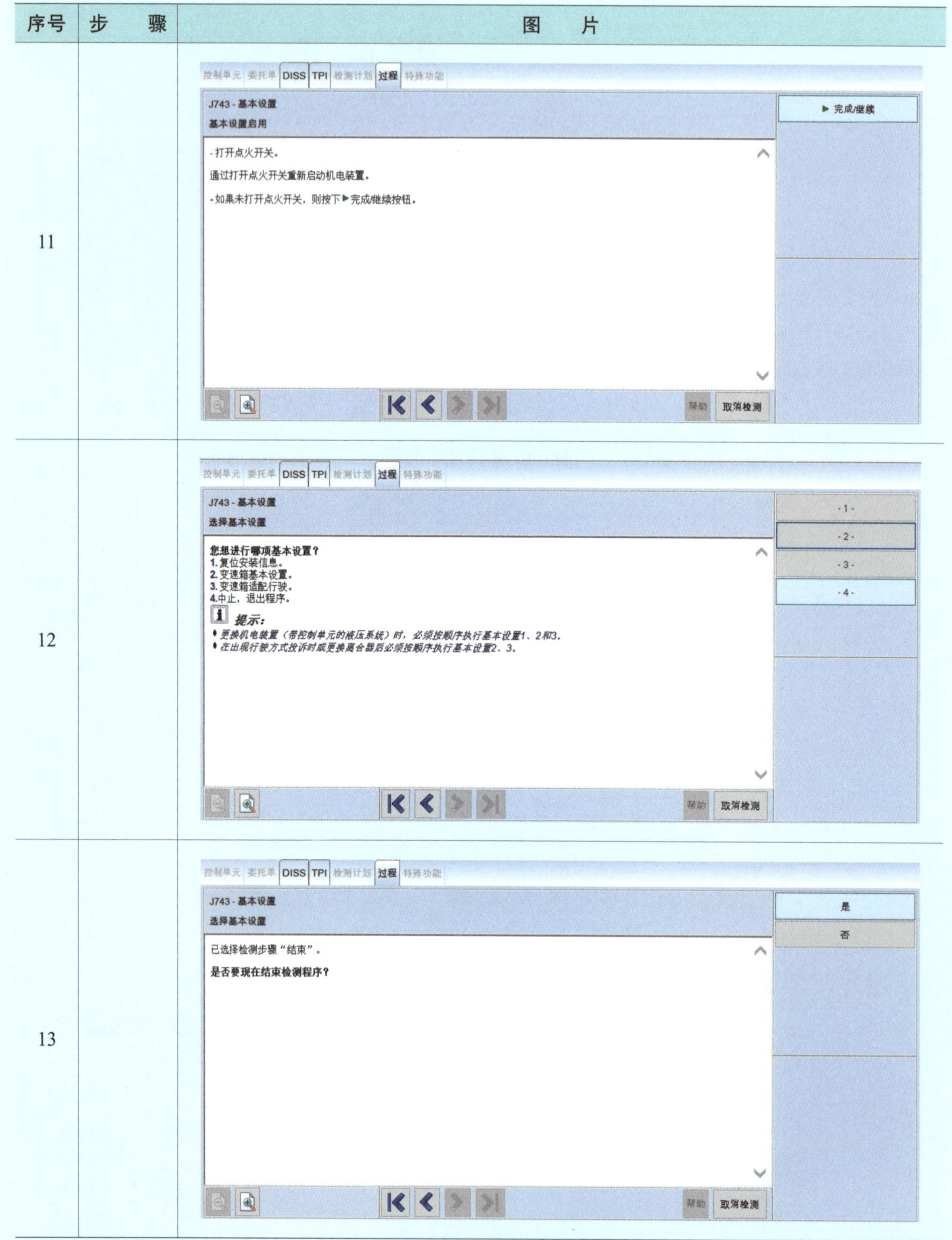

序号	步　骤	图　片
11		
12		
13		

微组织 16：教师检查纠错，学生改正错误。微评价：☆☆☆☆☆

步骤六：试车

操作完成后，对车辆进行路试，验证故障现象是否消失，故障是否排除。

微组织 17：教师检查纠错，学生改正错误。微评价：☆☆☆☆☆

案例

案例一：一辆 2011 款大众迈腾汽车，累计行驶里程约为 120 000 km。车主反映，该车无法倒车。接车后首先试车，发现该车除了无法倒车，在 D 挡时也没有 2 挡、4 挡、6 挡。使用故障诊断仪检测，发现变速器电控系统存储有 3 个故障代码“PO72B 无法挂倒挡”“P189A 离合器 1 间隙太小”“P073E 倒挡同步失败”。由于出现了离合器 1 间隙过小的故障代码，于是使用故障诊断仪读取离合器 1 的数据流，读取变速器数据流发现，离合器 1 的间隙为 0.2，小于标准值 0.3 ~ 1.2，离合器 2 的间隙为 0.17，也远小于标准值 0.3 ~ 1.0，由此怀疑离合器出现锁死现象。

查看该车的维修记录，发现该车曾因为在 2 挡时踩下加速踏板出现抖动更换过离合器，也曾因召回更换过机电控制单元。与车主交流得知，此次故障是车辆在正常行驶过程中出现的，也没有出现操作不当的行为。由此判断可能是离合器出现故障。

更换离合器后试车，故障排除。

案例二：一辆 2008 年产的东风标致 307 汽车，搭载 5 速手动变速器，累计行驶里程约为 100 000 km，急加速时发动机转速可以达到 5 000 r/min，汽车提速缓慢，离合器工作出现打滑。已经因此更换过两次离合器“三件套”，每次更换离合器片后急加速，汽车都能正常工作，发动机转速也能恢复正常，但行驶了约 100 km 后，会再次出现离合器打滑的现象。维修人员进行试车，故障现象确如车主所述。

将变速器、离合器片、分离轴承、离合器压盘都拆下后发现，离合器片、分离轴承、离合器压盘是新的，离合器片也没装反。检查离合器压盘的弹性，正常。用工作灯仔细地检查，当再次拿起离合器片时，发现离合器片和离合器压盘全是油，再检查飞轮，其上也是油乎乎的。细检查变速器上边的通气孔，发现其上全是油渍，怀疑变速器内加的油太多了。于是拆下放油螺塞检查，结果从变速器内放出的变速器油有 3.5 L 之多，正常情况下，变速器只需要加注 2 L 变速器油。怀疑可能是没有找到正确的变速器加油口，变速器加油口在右侧半轴附近，其上面有一个胶盖，因该变速器油底壳较小，从该加油口添加变速器油时，很快就能发现有变速器油从这儿溢流出来，常常认为这儿不是加油口，从其他入口加油往往就会加注过多的变速器油。

更换分离轴承座，离合器“三件套”后，从变速器加油口加油，加注到有变速器油从该加油口溢出就算加注完成，而后试车发现，离合器打滑现象消失，故障排除。

笔记栏

笔记栏

笔记栏